Prayer Series 02

능력 심방 설교

김상복 목사 감수

신교횃불

능력심방설교

2014년 12월 20일 초판 1쇄 발행

감　수	김상복 목사
발행처	도서출판 선교횃불
등록일	1992년 3월 5일 제22-657호
등록주소	서울시 송파구 백제고분로 27길 12(삼전동)
전　화	(02) 2203-2739
팩　스	(02) 2203-2738
이메일	ccm2you@gmail.com
홈페이지	www.ccm2u.com

파본은 교환해 드립니다.
이 출판물은 저작권법에 의해 보호를 받는 저작물이므로 무단전재와 무단복제를 금합니다.

Prayer Series 02

능력
심방
설교

■ 머리말

　하나님께서 인간이 되어 세상에 오시고, 그 하나님께서 예수님의 모습으로 죄인들에게 다가오셨을 때, 주님께서는 그들을 민망히 여기셨다고 하셨다. '민망'이란 도저히 눈을 뜨고서는 볼 수 없는 상태에 대한 반응이다. 주님의 죄인들을 향하신 사랑이 더 긍휼하셨던 이유는, 그가 죄인들에게 오셔서 그들을 보심에 있으셨다.
　이에, 좋은 목자라면 양떼의 형편을 부지런히 살핀다. 양떼의 형편을 부지런히 살피지 않는 목자는 이미 삯군일 것이다.
　교회에 모여서 은혜를 받은 성도가 영적인 분위기를 지속시킬 수 있도록 격려해주는 은혜로운 수단이 심방이다. 또한 갑자기 어려움에 부딪친 성도가 하나님 앞에서 자기의 문제를 해결하도록 도와주는 동력이 심방이다.
　우리는 이 책을 준비하면서 심방을 섬겨야 하는 목회자의 편에서 유익이 되도록 하는 데 초점을 두었다. 미리 준비되지 않은 상태에서 심방을 해야만 하는 목회자들에게 짧은 시간에라도 설교를 준비할 수 있게 작성하였다.

2014년 12월
바른예배서간행위원회 편

■ 차례

1. 축복 심방

신년 축복 심방 / 10
일반 성도–젊은이/ 일반 성도–장년/ 일반 성도–중년/ 일반 성도–노인/ 집사 서리/ 권찰/ 구역장/ 제직부서 임원/ 안수 집사/ 권사/ 장로/ 교회 직원/ 부교역자

정기(대) 심방 / 23
일반 성도–젊은이/ 일반 성도–장년/ 일반 성도–중년/ 일반 성도–노인/ 집사 서리/ 권찰/ 구역장/ 제직부서 임원/ 안수 집사/ 권사/ 장로/ 교회 직원/ 부교역자

임직 심방 / 36
집사 서리/ 권찰/ 구역장/ 제직부서장/ 교회기관 기관/ 집사 피택/ 집사 장립/ 권사 피택/ 권사 취임/ 장로 피택/ 장로 장립

2. 목양 심방

새 교우(등록) 심방 / 50
신혼 가정–결신자/ 젊은이–결신자/ 장년–결신/ 중년–결신/ 노인–결신자/ 신혼 가정–타 교회에서 이거/ 젊은이–타 교회에서 이거/ 장년–타 교회에서 이거/ 중년–타 교회에서 이거/ 노인–타 교회에서 이거

축하 심방 / 60
결혼–새가정/ 분가/ 임신/ 새 아기의 탄생/ 첫돌/ 생일/ 생신/ 회갑/ 고희/ 합격/ 표창–수상/ 진급–승진/ 외국에 유학

일터(직장, 사업장) 심방 / 73
일터에서의 근무/ 사업장의 개업/ 직장의 세속문화/ 자영업의 점포/ 회사의 경영/ 사업장의 확장/ 경영이 어려워짐

격려 심방 / 80

소망이 좌절됨/ 갑자기 질병에 걸림/ 억울한 일을 당함/ 모함에 빠짐/ 가정에 위기가 닥쳐옴/ 생업에 대한 불안함/ 자녀의 진학 실패

3. 양육 심방

복음의 선포 심방 / 90

예수님의 능력/ 회개에 대한 보상/ 은혜를 구함/ 충성을 즐거워함/ 찬양을 드림/ 재림 대망/ 배신을 주의함/ 주님을 따름/ 주님과의 연합/ 하나님의 보호/ 구원에의 확신/ 부활의 신앙/ 믿음 있는 자

훈련 심방 / 103

고난을 견딤/ 도전하는 삶/ 우상숭배의 거절/ 기도의 계속/ 자기를 세움/ 하나님께 드려짐/ 완전함에 이름/ 상한 심령/ 이웃 사랑/ 그리스도의 평강/ 죄인을 멀리함/ 목회자를 섬김

도전 심방 / 115

브리스길라와 아굴라/ 세례자 요한/ 사도 요한/ 백부장/ 고넬료/ 누가/ 니고데모/ 다비다/ 루디아/ 마가 요한/ 마르다/ 동정녀 마리아/ 베다니의 마리아/ 바나바/ 바디매오/ 바울/ 베드로/ 빌립/ 삭개오/ 살로메/ 수로보니게 여인/ 스데반/ 안나/ 사도 야고보

결단 심방 / 139

은혜를 사모함/ 부지런함/ 사랑의 대가/ 성경애독/ 성전 중심의 삶/ 시온주의 신앙/ 죄를 애통함/ 고난을 기회로/ 찬국에 마음을 둠/ 천국일꾼/ 하나님의 응답/ 변화-성화

4. 돌봄 심방

권면 심방 / 154

자기중심의 신앙/ 믿다가 낙심됨/ 신앙에 회의를 품음/ 교회가 싫어짐/ 성도들과 하나가 안 됨/ 주일 예배가 귀찮음/ 헌신하려 않음/ 기도의 문이 닫힘/ 죄를 즐김/ 헌금에 인색해짐/ 재물에 대한 집착/ 세례 이후/ 군 입대/ 허탄한 것에 빠짐

대적 심방 / 168

불순종/ 교만함/ 염려/ 불법의 권세/ 이웃에의 무관심/ 불성실/ 진리사수/ 버림–거절/ 소욕을 물리침/ 의심/ 자신을 물리침/ 안일을 거절함

가정 문제 심방 / 180

복음에 합당하게/ 부부 사이에 불화/ 부모와 자녀의 불화/ 자녀들의 사이에 불화/ 식구들의 분노/ 배우자의 불륜/ 불의에 가담한 가족/ 빚을 져 도피 중인 가족/ 재판을 받는 가족/ 교도소에 수감/ 시가와의 갈등/ 처가와의 갈등/ 이혼을 하게 됨

주택 심방 / 193

이사—늘여감/ 이사—줄여감/ 주택의 구입/ 주택의 신축/ 주택의 증·개축

5. 위로 심방

사고(위기) 심방 / 200

졸지에 당한 환란/ 중대 질병의 진단/ 가족 중에서 자살/ 갑자기 당한 재난/ 교통사고를 당함/ 어려움에 휘말림/ 재물을 잃게 됨/ 갑자기 잃은 일터/ 직장에서의 사직/ 직장의 은퇴

환자(병자) 심방 / 210

응급 환자/ 어린이 환자/ 젊은이 환자/ 노인 환자/ 단기 입원 환자/ 장기 입원 환자/ 환자의 수술/ 수술 후의 회복기/ 불치병의 환자/ 시한부의 환자/ 병원에서의 퇴원

상례(상가) 심방 / 221

임종—부모의 사망/ 임종—배우자의 사망/ 임종—자녀의 사망/ 상중(상가) 위로

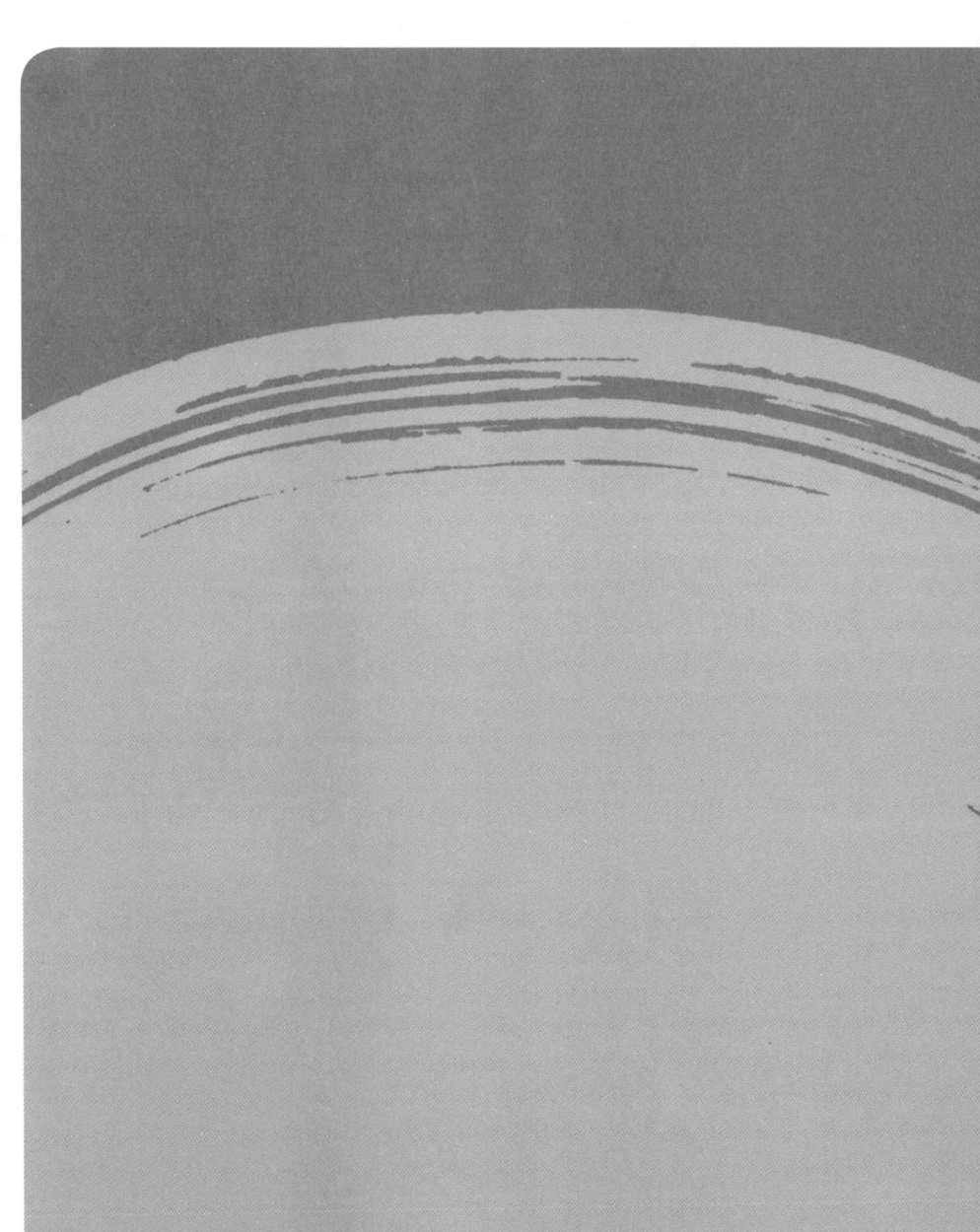

그러나 무릇 여호와를 의지하며 여호와를 의뢰하는
그 사람은 복을 받을 것이라(렘 17:7)

1. 축복 심방

신년 축복 심방 / 14

일반 성도-젊은이/ 일반 성도-장년/ 일반 성도-중년/ 일반 성도-노인/ 집사 서리/ 권찰/ 구역장/ 제직부서 임원/ 안수 집사/ 권사/ 장로/ 교회 직원/ 부교역자

정기(대) 심방 / 40

일반 성도-젊은이/ 일반 성도-장년/ 일반 성도-중년/ 일반 성도-노인/ 집사 서리/ 권찰/ 구역장/ 제직부서 임원/ 안수 집사/ 권사/ 장로/ 교회 직원/ 부교역자

임직 심방 / 66

집사 서리/ 권찰/ 구역장/ 제직부서장/ 교회기관 기관/ 집사 피택/ 집사 장립/ 권사 피택/ 권사 취임/ 장로 피택/ 장로 장립

신년 축복 심방
◉ 일반 성도-젊은이

자기 백성에게 약속해주시는 복
✻ 찬송_39, 370장   ✻ 성경_잠 11:27-31

"복을 받기 전에 복을 받을만한 사람이 먼저 되어야 한다."고 말씀해주신다. 하나님께서는 복된 사람에게 복을 약속해주신다. 하나님께서 우리를 특별히 사랑해주실 때 '은총'이라는 말을 쓴다. 하나님을 갈급히 찾는 사람에게 하나님께서 은총을 베푸신다. 은총은 하나님께서 주시는 복 중에서도 최고의 복이다. 우리들이 살아가면서 건강, 재산, 기술, 가정을 소유하는 것을 복이라 하겠다. 그러나 하나님의 사랑을 대신할 것은 아무 것도 없다.

하나님께서 예레미야 선지자를 통해서 하나님을 전적으로 의지하며 의뢰하는 사람에 대해서 번성의 복을 약속하셨다(렘 17:7-8). 우리는 하나님으로 말미암아 기운을 내고 하나님으로 말미암아 생기가 넘쳐야 한다. 이런 모습을 가진 사람이 여호와를 의지하는 사람으로서, 그는 물가에 심겨진 나무와 같다. 하나님께서 우리를 옮겨주신다.

지혜로운 자는 사람을 얻는다고 하셨다. 우리는 세상에서 살아가는 동안에 사람을 잘 얻어야 한다. 성공하는 자를 만날 것인가, 망하는 자를 만날 것인가? 사람을 잘 만나는 것이 아주 귀중한 복이다. 사람을 잘못 만나면 억울하고, 망하는 인생을 살아가게 되고 만다. 바울이 바나바를 만났듯이 좋은 사람을 만나는 것이 큰 복이다.

◉ 일반 성도—장년

바른 믿음, 구원에 이르는
✸ 찬송_35, 399장 ✸ 성경_갈 2:11–21

　오늘, 우리에게 하나님께서 '예수님을 믿는 믿음으로만 의롭게 된다."고 위로해주신다. 그러므로 우리는 오직 믿음으로 구원에 이르는 것을 믿고, 바른 믿음으로 살아야 한다.

　베드로는 유대인들을 의식하여 이방형제들과 교제의 식탁을 나누다 도망을 쳤다. 바나바도 유혹되어 마찬가지로 하자, 바울에게 책망을 받았다. 바울은 대사도인 베드로를 책망하면서 율법을 이긴 크리스천들이 율법 때문에 두려워하거나 외식하는 것은 믿음이 아니라고 하였다. 우리의 삶의 근거는 진리의 기초 위에 두어야 한다.

　그동안 바울은 가르치기를 율법은 필요 없다 했는데, 이제 와서 다른 사람들을 의식하여 율법을 따라 갈 수 없다는 것을 강조하였다. 그는 자신이 가르치는 대로 살았다. 설교대로 산다, 기도한대로 믿는다는 것은 어떻게 보면 어려운 것이다. 그렇지만 성도는 자신이 남에게 가르친 대로 살아야 한다.

　우리는 믿음의 가치를 죄인의 구원을 얻는 데 두어서는 안 된다. 구원은 죄인들에게 주시는 하나님의 선물이다. 예수님을 구주로 영접하는 순간, 죄와 더러운 과거는 이미 십자가에 못 박혔다. 이제는 하나님의 영광이 내 인생의 목표가 되고, 주께서 인도하시는 삶이어야 한다. 그리고 '믿음 안에서' 사는 것이어야 한다.

◉ 일반 성도-중년

여호와 이레

오늘, 우리에게 하나님께서 "하나님께 믿음으로 순종하여 여호와 이레의 은혜를 받으라."고 위로해주신다. 우리는 하나님의 말씀에 순종하여 '여호와이레'의 은혜를 받기를 빈다.

아브라함처럼 믿음으로 여호와의 말씀을 순종하는 자를 위하여 하나님께서 준비하신다. 여호와가 나의 하나님이요, 예수님이 나의 그리스도요, 성령님이 나의 보혜사이심을 믿고 순종하는 자를 위하여 준비하신다. 전능하신 하나님을 아버지이신 하나님으로 믿고 순종하는 자를 위하여 준비하신다.

하나님께서는 믿음으로 여호와의 말씀에 믿음으로 순종하는 자를 바라보신다. 행복을 주시는 하나님, 희망을 주시는 하나님, 살려주시는 하나님을 믿는 자를 바라보신다. 믿음과 순종과 마음을 바라보신다. 생명을 바치는 믿음과 죽음으로 순종하는 믿음과 중심을 바치는 믿음을 바라보신다. 여호와를 바라보는 자에게 하나님께서 준비해주신다.

하나님께서는 믿음으로 순종하는 자에게 나타나 자기를 보여주신다. 하나님을 알고, 하나님을 사랑하고, 하나님으로 사는 사람에게 나타나신다. 하나님의 말씀에 순종하며, 선하고 아름다운 사람에게 나타나신다. 하나님의 사랑과 은혜를 깨달아 알고 그 사랑과 은혜를 믿음으로 누리며 그 사랑과 은혜를 사랑으로 보답하는 사람에게 나타나신다.

⊙ 일반 성도-노인

믿음으로
✱ 찬송_17, 395장 ✱ 성경_히 11:27-28

우리는 긍휼하심과 인자하심이 풍성하고 사랑과 은혜가 넘치는 여호와 하나님을 바라보아야 한다.

모세가 바로에게 "애굽을 떠나 여호와께 희생을 드리겠다"고 요청한다. 바로는 "너무 멀리 가지 말라, 어른만 가라, 아이만 가라"고 한다. 마귀는 말한다. "하나님을 믿으라. 그러나 너무 깊숙이 들어가지 말라. 그리고 너만 믿으라."고 속삭인다. 믿음은 애굽을 떠나 가나안을 향해 나아가는 것이다. 세상을 떠나서 천성으로 나아가는 것이다.

모세는 바로의 노함을 두려워하지 않았다. 백성들이 홍해 앞에서 "애굽에 매장지가 없어서 우리를 이 광야에 파묻으려 하느냐?"고 대들었다. 하나님의 사람에게 사람은 두렵지 않다. 모세는 "너희는 두려워하지 말고 가만히 서서 여호와께서 오늘 너희를 위하여 행하시는 구원을 보라!"(출 14:13)고 외쳤다. 모세는 군중 속에 계신 여호와 하나님을 보았다.

모세는 "보이지 아니하는 자를 보는 것 같이 하여" 참았다. 모세가 온갖 고통과 역경 속에서도 견딜 수 있었던 것은 여호와 하나님을 바라보았기 때문이다. 만일, 그가 강력한 주권자요 통치자인 바로를 바라보았거나, 불평하고 불만하고 원망하고 짜증내는 백성을 바라보았다면 그와 그 백성은 망했을 것이다. 상황을 보지 말고, 하나님을 바라보자.

◉ 집사 서리

인자와 진리를 마음판에 새기라

　본문에서는 인간의 복에 대하여 명료하게 말씀해 주고 있다. 첫째는 장수의 복, 둘째는 명예의 복, 셋째는 하나님의 인도하심을 받을 수 있는 복, 넷째는 건강의 복이다. 마지막으로 물질의 복이다.

　이 복을 누리기 위해서는 어떻게 해야 하는가? 하나님의 말씀을 잊지 말고 네 마음으로 그 말씀을 따르면 된다고 하셨다. 하나님의 말씀을 잊지 않으려면 하나님의 말씀을 배워야 한다. 하나님의 말씀을 배우는 일에 열심을 내도록 하자. 그리고 그 배운바 하나님의 말씀을 마음에 간직하여 늘 마음으로 사모하자.

　하나님의 말씀을 부지런히 배우고, 삶에 적용시키기 바란다. 그렇게 되면, 우리의 신앙생활이 우리들로 장수케 하며 많은 해를 누리게 하며 평강을 더하게 된다.

　본문의 말씀에서 인자와 진리를 내 몸에서 떠나지 않게 하고 꽉 잡으라고 하셨다. 그리고 목에 매며 마음 판에 새기라고 하셨다. 하나님의 사랑을 몸에 지니고 진리의 말씀을 몸에서 떠나지 않도록 그 말씀 안에서 살아가야 한다.

　이 땅에서 살아가는 동안에, 가장 좋은 것으로 누릴 수 있으며 사람들 앞에서 귀중히 여김을 받는 가족들이 되시기를 소망한다.

◉ 권찰

시온의 산에서 내려오는 은혜

✱ 찬송_22, 388장 ✱ 성경_시 133:1-3

　하나님께서 한 집안에 선물로 주신 것이 형제다. 형제는 서로 사랑으로 받들고, 성령님께서 하나 되게 하신 것을 힘써 지켜야 한다.
　헐몬산에서 흘러내린 수많은 이슬은 바람을 타고 멀리 시온산으로 날아왔다. 이스라엘의 성도들은 북쪽 끝에서부터 남쪽 끝까지 모두 예루살렘에 모였다.
　아론은 이스라엘의 모든 백성을 의미하였다. 성경에서는 형제 연합의 아름다움을 아론의 머리에 부은 거룩한 기름에 비유하고 있다. 이 기름은 거룩한 일에만 사용되었다. 이 기름이 아론의 머리에서 발끝까지 천천히 흘러 내려 전신을 감싸면서 그의 몸을 거룩하게 구별했다.
　기름으로 묘사되는 성령님의 은총은 이 모든 성도들을 하나로 감싸서 그들을 거룩한 하나님의 백성으로 구별해 주셨다. 성령님은 형제를 하나가 되게 하신다. 성령님의 은혜로 하나가 되는 가족이 되기를 소망한다. 하나님의 사랑 안에서 형제를 서로 섬기는 가족이 되어야 한다.
　연합된 형제는 이슬처럼 신선하고, 생명력이 풍부하고 거룩하다. 그리고 그들은 하나님의 은혜 안에서 하나가 되었다. 하나님은 형제들이 연합하여 하나님을 섬길 때에 풍성한 생명력을 복으로 부어주신다.

◉ 구역장

위의 것을 생각하라
✖ 찬송__9, 393장 ✖ 성경_골 3:1-6

　육신의 고향인 이 땅의 세계와 영의 본향인 하늘의 세계가 있음을 알게 된다. 이 땅은 누구에게나 주어지는 세계이지만 하늘은 주님 안에서 거듭난 사람에게만 주어지는 세계다.
　우리는 땅의 속성을 죽이고 위의 속성을 따라야 한다. 죄인의 후손으로 탄생한 생명은 주님의 십자가의 죽으심과 함께 이미 죽었다. 육신의 삶, 욕심과 욕망의 삶 등은 이미 십자가 안에서 죽은 것이다.
　우리는 하나님의 영광을 위해서 땅에서 생기는 소욕을 버려야 한다. 위의 것을 생각하며 살아야 한다. 그것이 주님께서 재림하실 때를 기다리는 성도의 삶이다. 주님께서 재림하실 때, 거듭난 삶을 산 사람들은 휴거되어 예수님을 맞이하여 혼인 잔치를 하게 되어 있다.
　우리는 영생의 나라에서 혼인잔치에 참여하기를 소망해야 한다. 이 복을 얻기 위해서는 하늘의 속성을 갖고 하나님 나라의 시민답게 살아가도록 기도하자.
　만일, 우리가 교회 생활을 하며 예배와 기도, 헌신과 충성을 다한다 하여도 우리의 일상생활에 근본적인 변화와 성숙의 경험이 없다면 거듭난 자라 할 수 없다. 하나님 나라의 시민은 언제나 세속에 대해서 항상 마음을 비우고 하나님 나라의 삶을 추구하며 살아가야 한다.

◉ 제직부서 임원

사랑 가운데서 행하라
✖ 찬송_13, 381장 ✖ 성경_엡 5:1-3

　우리에게 향하시는 하나님의 사랑은 예수님 안에서 절정을 이루어 나타내신 바가 되었는데, 곧 주님께서 자신을 십자가에 희생하신 사랑이었다. 우리를 위해 자신을 십자가의 죽음에 내주신 그의 사랑은 참된 사랑이었다.

　주님께서는 자신을 향기로운 제물과 희생제물로 우리를 위해 하나님께 드리셨다. 그의 십자가 죽음은 이 세상에서 하나님께 드려진 가장 귀한 예물과 제물이었다. 그것은 우리의 죄를 대속하기 위한 제물이었다. 그것은 우리를 향한 주님의 사랑이었다. 그러므로 우리도 그의 사랑을 본받아서 사랑의 사람이 되어야 한다.

　주님께서는 "새 계명을 너희에게 주노니 서로 사랑하라. 내가 너희를 사랑한 것같이 너희도 서로 사랑하라"(요 13:34)고 말씀하셨다. 주님의 크신 사랑을 받은 우리이기 때문에 우리도 사랑 가운데서 행해야 한다. 그것은 주의 사랑을 받은 모든 성도들에게 합당한 삶이다.

　이제, 하나님의 사랑 안에서 주님의 선택과 구속과 중생의 은혜에 감사하면서 살아가는 우리들이 되기 바란다. 아울러 주님의 십자가의 크신 사랑을 받은 자들로서 사랑 가운데서 행해야 한다. 우리는 하나님을 사랑하고, 서로를 사랑으로 사는 자들이 될 것을 다짐해야 한다.

◉ 안수 집사

네 길을 여호와께 맡기라

✱ 찬송_20, 397장　✱ 성경_시 37:3-6

　하나님께서는 우리들의 삶을 여호와께 맡기고 그를 신뢰하기를 원하신다. 하나님을 의지하는 삶을 통해서 복된 인생이 되기를 축복한다.

　우리는 악인이 형통하고, 여러 가지 모함이나 오해를 받을 때 원망이나 변명하려 할 필요가 없다. 혹시 이러한 경우를 만나더라도 자신의 모든 길을 여호와께 위임하고 하나님께서 그 모든 것을 공의롭게 판결해 주실 것을 신뢰해야 한다.

　하나님은 자기의 모든 길을 위임하고 여호와를 신뢰하는 자녀들을 위해 악인을 공정하게 심판하신다. 하나님은 자기에게 인생을 맡긴 자를 위해 그들의 의를 밝게 빛나는 햇빛과 같이 드러내 주신다. 그리고 그의 대적들이 어둠 속에서 모함하여 가리어버린 그들의 의로움을 대낮 같이 밝게 드러내신다.

　따라서 시간이 흐른 후에 결국 하나님을 의지하고 신뢰한 사람들이 옳았다는 것이 만천하에 알려지게 된다. 나아가 하나님께서 주시는 복을 누리게 된다. 우리는 오직 하나님만을 바라보면서 살아야 한다. 하나님께 자신의 길을 맡긴 자는 그 안에서 확신과 평안을 가질 수 있다. 그러므로 하나님을 신뢰하고 자신의 길을 하나님께 위임하는 복을 누리시기를 소망한다. 오직 여호와께 나의 보호를 맡기고 살아가자.

◉ 권사

갈 바를 알지 못하고
✖ 찬송_11, 374장 ✖ 성경_히 11:8-10

　본문에서 보게 되는 아브라함은 믿음으로 하나님의 부르심과 명령에 순종하였다. 인간은 하나님의 명령에 절대 순종해야 한다. 자녀들은 부모님의 명령에 순종해야 한다.

　우리가 하나님의 명령에 복종하는 것은 지극히 당연한 의무이다. 오늘, 우리는 아브라함과 같이 하나님께 절대 순종하는 생애를 살기를 소원해야 한다. 아브라함은 하나님의 명령대로 그가 지시할 땅으로 가고자 했을 때 갈 바를 알지 못하고 나갔다. 이것이 믿음의 순종이다.

　하나님께서는 아마 큰 목적지는 지시하셨으나 구체적 여정을 알려주시지 않았던 것 같다. 그러나 아브라함은 하나님의 명령에 순종하여 미지의 세계로 걸음을 내디뎠다. 그것은 순전히 믿음의 걸음이었다.

　우리의 신앙생활도 아브라함과 입장이 비슷하다. 우리는 구원을 받았지만, 아직 나그네 생활을 하고 있다. 인생은 길을 가는 나그네와 같이 이곳저곳에 잠시 머물듯이 머문다.

　천국은 아직 미래의 일이다. 아직 우리는 장막을 펼치고 접는 생활을 반복한다. 이것이 우리 인생의 여정이다. 그러나 우리가 천국으로 들어가면 더 이상 이동이 없는 영원한 집을 얻을 것이다. 주 안에서 사는 삶을 나의 것으로 삼는 가족이 되기를 축복한다.

● 장로

우리를 위로하시는 하나님

✹ 찬송_15, 389장 ✹ 성경_고후 1:3-7

　바울의 하나님에 대한 고백은 위로하시는 하나님이었다. 그는 자신의 체험에서 '모든 위로의 하나님'이라고 하였다. 성도에게 환난이 있으나 위로도 있다. 그것은 사람의 위로 정도가 아니고 하나님의 위로, 즉 하나님의 도우심과 간섭하심의 위로이다.

　지난 시간을 돌아볼 때, 하나님께서는 우리를 모든 환난 중에서 위로하셨다. 환난의 고난 속에서 하나님의 위로를 소망하면서 이 땅에서 환난을 통과해야 한다.

　주님께서는 십자가의 길을 가셨고 또 "누구든지 나를 따라오려거든 자기를 부인하고 자기 십자가를 지고 나를 따를 것이니라"(막 8:34)고 말씀하셨다. 초대의 제자들은 핍박과 순교의 길을 갔다.

　모든 고난 중에서 하나님의 위로를 보는 복을 누리기를 소망하자. 고난 중에 하나님의 위로를 체험한 자마다 고난을 당하는 다른 성도에게 하나님의 위로를 전해주고 위로하며 격려하는 자가 될 수 있다.

　이 시간에, 바울에게 위로자이셨던 하나님께서 나의 위로자가 되시기를 원하신다. 하나님께서는 내가 나의 위로자가 되어달라고 기도하기를 기다리신다. 우리를 위로하시는 하나님에의 신앙을 나의 것으로 삼기 원한다. 그래서 고난 속에서도 하나님의 위로를 누려야 한다.

⊙ 교회 직원

기회 있는 대로 하는 착한 일
✹ 찬송_37, 392장 ✹ 성경_갈 6:7-10

　사람들 중에 행복해지기를 원하지 않는 사람은 한 사람도 없으나 실제로 행복한 사람들은 드물다. 그것은 행복으로 가는 길을 모르기 때문이다. 행복은 하나님의 은혜에 달려 있다.

　인간은 삶의 의미와 목적이 분명하지 않을 때 방황하게 되는데, 우리가 사는 삶의 의미와 목적은 오직 예수님께만 있다. 그 때문에 주님을 영화롭게 하는 삶을 살지 않으면 결코 행복한 삶을 살 수 없다.

　행복은 우연히 다가오는 것이 아니다. 능동적으로 행복의 씨앗을 심어야만 한다. "사람이 무엇으로 심든지 그대로 거두리라 자기의 육체를 위하여 심는 자는 육체로부터 썩어질 것을 거두고 성령을 위하여 심는 자는 성령으로부터 영생을 거두리라"(갈 6:7-8)고 하셨다.

　그러므로 가정이 먼저 천국이 되도록 하자. 이기주의를 버리고 다른 사람들을 위한 일을 하도록 하자. 이기주의적인 생각은 가정을 파괴한다. 이기주의적인 사람은 가정을 보금자리로 꾸밀 수 없다. 오늘, 우리 가정을 사랑의 보금자리로 세워주시는 분은 하나님이시다.

　행복은 선택에 달려 있다. 하나님 앞에서 행복을 선택하고 행복한 삶을 살게 되시기를 축원한다. 믿음의 조상, 신앙의 선배가 보여준 길을 따라 여호와 앞에서 살아가기 바란다.

◉ 부교역자

자기를 부인하고 지는 십자가

✖ 찬송_29, 373장　✖ 성경_마 16:21-24

　교회의 반석이 되시는 예수님은 십자가에 달려 죽으심으로써 구원이 길을 열어놓으셨다. 주님의 죽으심은 속죄의 죽음이었다. 교회의 복음은 예수께서 우리의 죄를 위하여 대신 죽으셨다는 소식이다.

　이 땅에서 주님 자신이 가신 길은 고난의 길, 십자가의 길이었다. 그 고난을 친히 담당하시려고 사람으로 세상에 오셨다. 주님께서는 주님을 따르는 제자들에게 자기 부정의 삶에 대하여 가르치셨다.

　우리는 자기를 부인함으로써 그리스도의 제자가 될 수 있다. 성도는 자신을 부인할 때, 예수님의 제자로 살아간다. 우리는 주님과 교회를 위해서 자신을 포기하는 모습을 보여야 한다.

　예수님께서 스스로 자신을 죽이시고, 하나님의 뜻을 이루셨다면, 날마다 자기를 버리는 제자의 모습을 보여야 한다. 성령님께 충만하여 제자로 살아가는 모습을 자신의 삶에 흔적처럼 남겨야 한다.

　주님을 따르는 자들의 길은, 곧 주님의 길을 가는 것이다. 자기를 부정하고 자기 십자가를 지고 따르지 않으면 주님을 믿고 따라갈 수 없다. 십자가를 지는 것은 자기 부정을 전제하고 자기 죽음을 각오한 것이다. 자기 부정의 삶으로 하나님께 영광이 되는 가족이 되자.

정기(대) 심방
● 일반 성도-젊은이

땅 끝까지 이르러

예수님께서 승천하시기 전에, 제자들을 바라보시면서 그들이 이 땅에서 해야 될 사역의 우선순위를 정해주셨다. 땅 끝까지 이르러 내 증인이 되라고 하셨다. 이것은 이 땅에 성도들에게 주신 지상명령이다.

전도는 성도의 본분이다. 평생 예수님을 믿으면서도 한 사람도 전도하지 못하는 성도들이 많다. 전도는 못해도 예수님만 잘 믿으면 된다고 생각하기 때문이다. 그러나 예수님은 성도들에게 증인의 사명을 맡겨 주셨다. 증인의 사명으로 이웃을 전도하는 열정이 생겨야 한다.

가까운 사람에게 복음을 전해야 한다. 전도는 가장 가까운 사람부터 복음을 전해야 한다. 그러므로 성도는 영혼을 구원하려는 열정적인 마음으로 이웃과 교제하는 것이 우선되어야 한다. 이웃과 교제하는 사람은 많지만 영혼을 위한 대화가 없다면 회개하는 마음으로 복음을 전해야 한다.

누구에게 전도하고 싶어도 "전도하다가 망신당하면 어쩌지…" 하는 두려움 때문에 예수 믿으라는 말을 꺼리는 자도 있다. 그런데 마가의 다락방에서 제자들은 성령의 충만함을 받고 입을 열어 전도하기 시작하였다. 하나님 앞에서 나의 신분은 그리스도의 증인이다. 우리도 언제 어디서나 만나는 사람에게 복음을 전하는 열정으로 살아가야 한다.

◉ 일반 성도-장년

너희는 세상의 빛

✹ 찬송_27, 521장　✹ 성경_마 5:13-16

　그리스도인들은 빛으로 소금으로 이 세상에 사명을 감당해야 한다. 예수님은 빛으로 오셔서 그 빛을 발하기 위하여 골고다 언덕 높은 십자가 위에서 그 빛을 밝히셨다.

　칼(검)은 사용하면 사용할수록 빛을 발한다. 그러나 사용하지 아니하면 녹이 슬어 폐물이 되고 만다. 우리는 예수 그리스도의 빛을 가지고 이 세상을 살아간다. 그러므로 빛 된 자들은 어두워진 세상 사람들이 모두 볼 수 있도록 환하게 비치어야 한다.

　주님께서는 등불을 말 아래 두지 말고 등경 위에 두어야 한다고 하셨다(마 5:15). 이렇게 하려면 참 빛이신 예수님을 닮아가기 위해 매일 노력하지 않으면 안 된다.

　집안에 있는 모든 사람에게 비쳐야 한다. 그리스도인들은 먼저 내 가족 내 가정을 밝게 하여야 한다. 내 가정은 어두운데 다른 사람을 밝게 할 수 없기 때문이다. 먼저 예수님을 닮아가는 가정이 되어 친척, 이웃들에게까지 밝게 비치어 주님의 영광을 나타내야 한다.

　결국 그리스도인들이 빛 된 삶을 살아간다는 것은 예수님을 알지 못하는 이웃들에게 예수님의 복음을 전할 수 있는 기회이다. 만약 이런 기회를 놓친다면 예수님의 영광을 가리는 생활이 된다.

◉ 일반 성도-중년

제단의 불을 끄지 말라
✱ 찬송_12, 393장 ✱ 성경_레 6:12-13

　오늘, 우리에게 하나님께서 "제단 위의 불은 항상 피워 꺼지지 않게 하라.'는 말씀으로 위로해주신다. 우리는 여호와께 나 자신이 늘 제물이 되어 살아드리는 삶을 살아야 한다.
　제단은 하나님께 제사를 드리는 곳이다. 교회는 만민이 기도하는 집으로서 기도의 불이 늘 켜져 있어야 한다. 교회에는 성도들의 신앙이 여러 모습의 불로 피워 있어야 한다. 성령님께서 성도들, 각 사람의 심령에 불을 붙여주실 때, 그 불이 타오르게 해야 한다.
　제단이란 주님의 몸 된 교회이면서 구원받은 성도들의 마음의 지성소를 말한다. 여기에 불을 끄지 말라는 것은 불이 꺼진 교회, 하나님의 촛대가 옮겨진 교회가 되지 말라는 말씀이다. 그렇다면 성도는 개인적으로 그들의 심령이 살아 있어야 한다. 항상 주님과 온전한 교제와 교통이 있어야 하고 기도 응답이 끊이지 않도록 해야 한다.
　성도의 심령이 하나님을 향해서 불이 타올라야 한다. 이는, 예배를 중심으로 성도의 심령이 하나님과의 교통하는 관계를 유지하고 있어야 함을 의미한다. 예배는 하나님을 기쁘시게 하고 복을 받는 그릇이 된다. 하나님의 성소인 나의 심령에 찬양의 소리가 울려 퍼지고, 기도의 간구로 영혼이 숨을 쉬고, 하나님께 대한 간절함이 타올라야 한다.

⊙ 일반 성도-노인

하나님께서 원하시는 제물

✸ 찬송_24, 398장 ✸ 성경_레 2:11-16

오늘, 우리에게 하나님께서 우리들 개개인이 "여호와께 드리는 제물이 되라."는 말씀으로 위로해주신다. 우리는 하나님이 원하시는 제물을 드려 열납이 되는 삶을 살아야 한다.

제물이 되기 위해서는 나의 심령이 가루처럼 겉모습이 깨어지고 부수어져 속 심령이 흘러나온 상태에서 하나님께 바로 드려져야 한다. 그렇지 않고 알맹이로 남아 있다면 하나님께 올바로 드려지지 못하게 된다. 자신의 죄를 회개하는 상한 심령으로 하나님께로 나아가야 한다.

소금은 자신이 녹는 희생 가운데서 부패를 방지하는데 사용이 된다. 이는 번제물에 대한 변함이 없는 것과 지속되도록 드려짐을 가리킨다. 하나님과 백성들 사이에 언약이 영원하고 진실하다는 상징이기도 하다. 곧 하나님의 언약에 대한 변할 수 없는 믿음과 감사를 나타난다. 우리는 순종과 헌신으로 변함없는 삶을 제물로 드려져야 한다.

모든 제물에는 기름을 부어야 하는데, 이 기름은 올리브 기름으로서 성령님의 역사를 가리킨다. 그리고 거기에 유향을 더해야 한다고 하셨다. 이 향은 유향 나무에서 짜낸 고급 향료로서 성도의 기도를 의미한다. 따라서 우리가 하나님께 바로 드려지기 위해서는 성령님의 인도를 받으며, 기도의 향기가 나고, 기도의 양이 채워져야 한다.

◉ 집사 서리

하나님을 섬기는 생활
✖ 찬송_34, 380장 ✖ 성경_출 23:25

　오늘, 우리에게 하나님께서 "복을 내리고 너희 중에서 병을 제하리니"라는 말씀으로 위로해주신다. 우리는 하나님을 섬기고 하나님을 영화롭게 해드리는 삶을 결단해야 한다.

　하나님을 경외한다는 것은 하나님을 하나님으로 섬김을 말한다. 두려움으로 섬기는 것을 말한다. 그러한 자는 하나님의 이름을 망령되이 부르지 않는다. 하나님을 욕되게 하지 않는다. 오직 하나님의 말씀에 따라서 순종하는 아름다운 신앙의 삶을 산다.

　하나님은 어제나 오늘이나 동일하신 분이시다. 하나님은 우리를 사랑하시면서 공의를 행하시는 분이시다. 그러므로 그러한 하나님을 믿고 그 하나님께 모든 것을 맡기고 신뢰할 때, 우리의 삶에 평강이 넘치게 된다. 주님이 주시는 은혜 안에 거할 수 있게 된다. 하나님께서 은혜로 주신 모든 것을 매순간마다 즐거워하고 감사하게 된다.

　하나님은 기대하고 바라보는 것으로 섬겨야 한다. 자기 백성을 위하여 좋은 일을 베풀어 주실 것을 믿는 것이다. 하나님의 인도하심과 보호하심을 바라고, 나쁜 상황도 좋게 보는 것이다. 합력하여 선을 이르기를 바라는 것이다. 그런 자는 부끄러움을 당하지 않는다. 수치를 당하지 않는다. 하나님만이 우리의 모든 것이 되심을 안다.

◉ 권찰

우리가 보아야 할 것
✱ 찬송_18, 383장　✱ 성경_창 3:8-21

　오늘, 우리에게 하나님께서 "가죽옷을 지어 입혀주겠다."고 위로해주신다. 우리는 하나님과의 관계에서 내가 누구이며, 어떻게 살아야 하는가를 깨달아야 한다.
　하나님만을 바라보고 대화하고 사귀어야 할 인간이 사탄의 말을 들었다. 하나님의 말씀을 변질시켰다. 하나님처럼 되고 싶어서 선악과를 보고 따먹었다. 자기의 벗은 몸을 알게 되자 인간의 방법으로 옷을 만들어 입었다. 죄도 전가하고 결국은 저주받아 땀을 흘리고 해산의 고통을 당해야 하고 결국에는 죽어야 하는 자로 살게 되었다.
　사탄은 하와에게 다가와 질문을 통해 인간을 올무에 걸리게 하였다. 사탄은 자기의 편으로 만들고 당을 짓고, 하나님의 위치에 오르게 해서 죄를 짓게 한다. 모든 감각기관으로 유혹해서 인간으로 하여금 하나님을 멀리하게 하고, 하나님으로부터 멀어지게 하여 지옥 자식이 되게 한다.
　오늘, 우리는 하나님을 멀리한 결과를 알아야 한다. 하나님께서 인간을 창조하신 뜻과 인간의 본래 모습을 알아야 한다. 회개하여 하나님께로 돌아가야 한다. 저주당한 인간의 고통과 비참함을 알고 악한 마귀권세로부터 능히 승리자가 되어야 한다. 주님의 구속의 은총을 입고 믿음으로 가죽옷을 입음으로 주님의 사랑을 입는 자가 되어야 한다.

◉ 구역장

첫 사람 아담처럼

✖ 찬송_8, 397장　✖ 성경_창 1:26-31

　오늘, 우리에게 하나님께서 "생육하고 번성하여 땅에 충만하도록 하겠다."고 위로해주신다. 그러면서 하나님과의 관계에서 따르고 지켜야 할 명령을 말씀하셨다.

　아담은 하나님의 형상대로 만들어졌다. 하나님의 속성을 따라 지음을 입었다는 것이다. 하나님을 따라서 의와 진리와 거룩함으로 지으심을 입었다. 하나님께서 세상을 지으실 때, 지어진 것마다 하나님의 보시기에 좋았다. 마찬가지로 첫 사람 아담도 하나님께 좋았다. 우리는 하나님께 좋음을 드려야 한다.

　아담은 그가 누릴 수 있는 모든 여건을 다 공급받았다. 이 땅에 있는 동안에, 생육하고 번성하고 지배하고 다스리고 땅에 충만할 모든 권한을 허락받았다. 이때, 단 선악을 알게 하는 나무의 열매에 대하여서는 금지되었다. 이 금지는 아담에게 주어져 있는 자유의지에 대한 축복을 암시하는 것이었다. 우리는 예수님 안에서 복을 받았다.

　아담은 죄를 지었다. 그로 인하여 죄가 왔고 사망이 왔고 모든 사람이 죄인이 되었다. 그러나 마지막 사람 예수 그리스도의 순종하심으로 많은 사람이 의인이 되었다. 그리고 그로 인하여 영원한 생명을 얻게 하였다. 이는 십자가의 사랑 속에 나타나게 되는데, 죽기까지 순종하심으로 나타났다. 우리에게는 예수님의 예표로 살아야 할 사명이 맡겨졌다.

◉ 제직부서 임원

나와 더불어 언약을 세우사

✖ 찬송_22, 212장 ✖ 성경_삼하 23:1-7

　오늘, 우리에게 "하나님이 자기 백성과 더불어 영원한 언약을 세우시겠다."고 위로해주신다. 다윗은 찬송하기를, "나의 모든 소원을 어찌 이루지 아니하시랴"고 하였다.

　1절, 다윗은 자신을 가리켜 "이새의 아들…하나님께로부터 기름부음을 받은 자"라고 찬송을 시작하였다. 그는 이 찬송의 고백을 통해서 왕이 되기까지 자신의 파란만장한 삶을 회상하였다. 자신의 인생 여정을 되돌아보면서 다윗은 하나님을 찬양하지 않을 수 없었다.

　2절, "여호와의 영이 나를 통하여…."라는 표현을 빌어서 성령님께 충만한 자신에 대하여 찬송하였다. 자신의 찬양이 사사로운 노래가 아니라 하나님의 영에 감동되어 부르는 노래라는 고백이었다. 그는 성령님께 충만해서 "그의 말씀이 내 혀에 있도다"라고 하였다. 우리가 만일, 하나님 앞에서 찬양하는 삶을 원한다면 성령님께 충만해져야 한다.

　5절, 다윗은 "내 집이 하나님 앞에 이같지 아니하냐"라고 찬송함으로써 자신을 통해서 자기의 집안에 복이 임할 것을 확신하였다. 후손들이 받을 복에 대한 확신은 다윗에게 복의 주권자가 되시는 하나님을 찬양하도록 하였다. 여기에서 다윗의 집안에 대한 복의 약속은 훗날 메시야께서 도래하실 것에 대한 예언이었다.

⊙ 안수 집사

고아와 같이 버려두지 아니하리라

✽ 찬송_36, 381장 ✽ 성경_요 14:18

오늘, 우리에게 하나님께서 "버려두지 않겠다."고 위로해주신다. 예수님께서는 잡히시기 전에 제자들에게, "내가 너희를 고아와 같이 버려두지 아니하리라"고 말씀하셨다.

주님께서 고난을 받으심으로 우리는 죄의 차꼬에서 해방되었으며, 참 자유를 누리게 된다. 지금은 비록 현실의 고난이 우리의 마음을 어둡게 할 때도 있지만 우리는 주님께서 근본적으로 자유를 주셨음을 기억할 때, 이 모든 사실이 그렇게 심각하게 문제시 되지 않는다.

주님의 보내심으로 성령님께서는 우리의 가정에도 오셨다. 오늘, 우리에게 위로의 말씀을 주신다. 그리고 언제나 우리 곁에 머무신다는 확신을 주시므로 담대해질 수 있다. 성령님은 이 가정을 지키시며 보호하시며 인도하신다. 언제나 떠나지 않으시고 머물러 계시며 모든 것을 살펴보시며 가장 좋은 길로 인도하신다.

사실, 우리가 극심한 환난 가운데 헤맨다 할지라도 주님은 우리의 위로자가 되어주셨다. 주님께서는 환난 가운데서도 장차 받을 영광의 상급에 대하여 말씀하신다. 우리는 모든 위로와 소망의 근원이신 그분을 바라봄으로써 앞을 향해 전진해 나가게 된다. 그때, 우리는 소망을 갖게 되고, 우리에게 영광의 상급이 있음을 확신하게 된다.

◉ 권사

모든 위로의 하나님

�֍ 찬송_30, 387장 ✦ 성경_고후 1:3-4

　오늘, 우리에게 하나님께서 '자기의 자녀들에게 위로의 하나님'이시라는 것을 강조해주신다. 바울은 하나님의 위로를 "우리의 모든 환난 중에서 우리를 위로하사"라고 하였다.

　하나님은 자기 백성에게 자비를 베푸시는 아버지이시다. 하나님의 자비로우심은 세파에 시달려 슬퍼하고 낙심하는 이들을 외면하지 않게 하신다. 깊은 사랑으로 어루만지시고, 측은히 여겨주시는 사랑의 아버지이시다. 진실로 환난에 처한 자들에게 위로가 되시며, 하나님의 자비하심에 대하여 찬송을 부르게 하신다.

　우리가 살아가면서 부딪치는 수많은 어려움들, 사람의 생각이나 힘으로는 어찌 해볼 수 없는 막막함, 그래서 환난이라고밖에 말할 수 없는 상황에서 위로자가 되어주신다. 먼저, 우리를 불쌍히 여겨주시며, 하나님께서 해결해주신다는 확신을 갖게 하신다.

　환난 중에서 위로를 받아야 할 사람은 나만이 아니다. 모든 인생이 위로의 대상이다. 하나님의 위로는 위로받는 나 자신에게만 끝나는 것이 아니고, 고통을 당해 갈 바를 알지 못하고 방황하는 이들에게 위로를 주신다. 이같이 하나님의 위로는 풍성한 것이어서 남을 위로함으로 자신이 더욱 위로받고 고통 가운데서 놓여남을 받게 하신다.

◉ 장로

내가 세상을 이기었노라
✱ 찬송_21, 376장 ✱ 성경_요 16:33

   오늘, 우리에게 하나님께서 "평안을 누리게 해주겠다"는 약속을 하심으로써 위로해주신다. 예수님께서 제자들에게 말씀하시기를, "너희가 환난을 당하나 담대하라"고 하셨다.

   도둑은 도둑질을 하고, 죽이고 멸망시키려 할 뿐이다. 사탄이 지배하고 있는 세상에서는 마귀가 인생을 멸망으로 끌고 가기 위해서 온갖 공격을 하고 있다. 그 결과, 이 세상에서는 예측 못할 환난들을 당하게 된다. 미처 생각하지도 못한 환난들이 우리에게 휘몰아칠 때, 마귀에게 종이 되어 고통을 당하고 주저앉게 된다.

   나를 쓰러뜨리려 하는 환난을 보기만 하면 자빠질 수밖에 없다. 이 세상의 환난에서 이긴 자는 한 사람도 없지만 주님께서는 이기셨다. 그래서 주님께서는 담대하라고 말씀하셨다. 그것은 환난의 상황을 보지 말고, 주님을 바라보라는 말씀이시다. 주님을 바라보아야 한다.

   제자들이 바다에서 큰 풍랑을 만났을 때, 주님께서 바람과 파도를 잔잔하게 하셨다. 그 주님의 사랑이 오늘, 우리에게서 환난의 광풍을 몰아내고 잔잔하게 하신다. 우리는 나의 생각이나 지혜로 환난을 이겨내려 하지만 도둑을 물리쳐주실 분은 주님이시다. 환난이 우리를 위협할 때, 담대하게 대하며, 환난을 이기신 주님을 기다리자.

● 교회 직원

깨어있는 것을 보면
✱ 찬송_32, 208장 ✱ 성경_눅 12:36-40

　오늘, 우리에게 하나님께서 "깨어있는 종들에게 복이 있을 것이라"는 약속을 하심으로써 위로해주신다. 예수님께서 제자들에게, "너희도 준비하고 있으라"고 하셨다.

　예수님께서는 우리를 형제로 받아주시지만. 동시에 주인과 종의 위치에 있게 된다. 우리가 이 땅에서 살아가는 동안에 우리가 수행해야 될 주님의 일을 맡겨 주셨기 때문이다. 주님께서는 우리가 맡은 일에 대하여 충성, 봉사, 헌신하기를 요구하신다. 우리는 일을 맡을 만한 능력도 없는데 맡기셨다는 감사함으로 충성을 다해야 할 것이다.

　예수님께서는 주님께 충성을 다하는 종으로서 감당하도록 능력을 부어주신다. 성령님을 보내주셔서 성령님께서 지혜와 능력을 주시며, 하나님의 일을 이루어드리고자 하는 소원으로 일을 이루어 가신다. 그러므로 우리는 주님 앞에서 신실한 종이 되기를 사모하고, 열심을 내야 할 것이다.

　이 세상에 대하여 우리의 신분은 예수님의 제자이다. 주님께서는 우리를 제자라 부르신다. 그러므로 마땅히 선생이 되신 주님께 대하여 깨어 있어야 한다. 깨어 있다는 것은 의롭고 경건한 생활, 매일매일의 삶에서 그분의 형상을 덧입기 위하여 수고하고 애쓰는 삶의 연속을 의미한다. 하나님의 뜻이 내 안에서 이루어지는 삶을 가리킨다.

⊙ 부교역자

너는 힘써 대장부가 되고

✱ 찬송_16, 386장 ✱ 성경_왕상 2:1-4

　오늘, 우리에게 하나님께서 "무엇을 하든지, 어디로 가든지 형통하게 해주겠다"고 위로해주신다. 그러므로 우리에게, "하나님 여호와의 명령을 지켜 그 길로 행하라"고 하셨다.

　다윗의 생애는 대장부의 삶이었다. 그의 이스라엘을 위한 삶은 그리 쉽지 않았다. 늘 위기가 있었으며, 적을 물리쳐야 하였다. 그는 자신을 에워싸고 있었던 수많은 적들을 물리치기 위해서 대장부가 되어야 하였다. 다윗은 대장부가 되어 이스라엘의 주변국들을 물리치고, 이스라엘 왕국을 통치하였다.

　다윗은 이스라엘의 왕위를 솔로몬에게 물려주면서 그에게 절대 요구되는 것은 대장부라는 것을 강조하였다. 자신을 이어서 하나님의 왕국을 다스려야 했기 때문이다. 다윗의 신앙적인 해석으로는 솔로몬이 이스라엘을 다스린다는 것은 하나님의 왕국을 유지하는 것이었다. 대장부가 됨으로써 누리는 복은 그의 길이 형통하게 된다는 것이다.

　지금, 우리는 하나님의 왕국을 다스리라는 위임을 받고 있다. 개인적으로는 나 자신이 하나님의 왕국이 되어야 한다. 나를 다스려야 한다. 만일, 대장부가 되지 못하고 졸장부에 머무른다면 세상의 흐름이나 상황에 따라 나의 인생이 요동되도록 내어 맡겨지게 되고 만다. 때로는 외톨이가 되지만 대장부가 되어 약속의 땅에 들어가야 한다.

임직 심방
◉ 집사 서리

겉옷을 입히며 에봇을 더하고

✱ 찬송_33, 208장 ✱ 성경_레 8:6-9

"하나님의 일을 위하여 직분을 맡기겠다"고 위로해주신다. 하나님께 구별되고, 하나님의 일을 위해서 사용되어지기를 사모해야 한다.

하나님께서 모세에게 성막을 만들게 하셨다. 그리고 아론과 그의 아들들에게는 기름을 부어 아름다운 예복을 입히게 하고 제사장의 직분을 수행하게 하셨다. 이때, 아론은 대제사장이 되었다. 그리하여 제사를 주관하였고 백성들을 축복하였다. 아론을 대제사장으로 삼으신 하나님께서는 지금, 우리가 하나님의 사람으로 살도록 기다리신다.

고라와 다단과 아비람이 250명의 족장과 당을 짓고 반역을 하다가 불이 나고 전염병으로 죽게 되었다. 그때, 아론의 지팡이에서 움이 돋고 순이 나고 꽃이 피고 열매를 맺어 하나님께 인정을 받은 자가 되었다. 그리하여 법궤 안에 그의 싹 난 지팡이를 넣어두는 복을 받은 자가 되었다. 오늘, 우리는 하나님께 인정을 받아야 한다.

그는 백성들의 말을 듣고 금송아지를 만들어 경배하는 우상숭배의 죄를 지었다. 그는 자신이 여호와 앞에서 죄를 지은 것을 깨달았다. 그리하여 아론은 그의 옷을 벗어 그 아들에게 입히고 죽음에 순종하는 자가 되었다. 그의 이런 모습은 예수님의 대속의 죽음에 대한 상징이 되었다.

◉ 권찰

불이 붙은 떨기나무
✷ 찬송_27, 390장 ✷ 성경_출 3:1–12

오늘, 우리에게 하나님께서 "내가 반드시 너와 함께 있으리라"(12)고 위로해주신다. 하나님께서는 우리 각 사람이 세상에 대하여 하나님의 사람으로 살아가기를 계획하신다.

모세가 호렙산에 이르렀을 때, 그가 본 광경은 떨기나무에 불이 붙었으나 타지 않는 모습이었다. 이는 하나님께서 이스라엘 민족을 사랑하셔서 고생하고 어려움을 당하는 하나님의 백성을 구원하시기 위해서 모세를 지도자로 세우시고 출애굽을 시키기 위한 사랑의 계획이셨다. 그리하여 떨기나무 가운데에 나타나신 것이다. 곧 사랑의 불꽃이다.

자신의 나이 80살이 되어 아무 힘도 없고 나약하고 겸손한 모세였다. 그에게 하나님께서는 자기 백성을 구원해내시려는 사명을 주시려 하셨다. 모세는 하나님께서 주시는 사명을 감당하면서 살아야 했다. 하나님의 뜻을 이루려고 하신다. 모세가 떨기나무에 가까이 갈 때, 자기의 뜻을 이루시려고 그를 부르신 것이다. 곧 소명의 불꽃이다.

모세는 자신에게 준 사명을 "내가 누구이기에"라고 하면서 사양하였다. 모세는 지금의 자기 처지를 잘 알고 있었기 때문이다. 그러나 하나님께서 모세를 주목하신 것은 그에게 지도자로 세우시려는 계획에서였다. 그러자 하나님께서 "반드시 너와 함께 있으리라"고 하셨다. 곧 약속의 불꽃이다.

1. 축복 심방 · 37

◉ 구역장

애굽의 총리가 된 요셉
✖ 찬송_28, 376장 ✖ 성경_창 41:37-45

　오늘, 부모님의 추모예배를 드리는 우리에게 하나님께서 "하나님의 영에 감동되도록 해주겠다."라고 위로해주신다. 여호와 앞에서 살아갈 때, 세상으로부터 하나님의 사람이라고 인정을 받게 된다.
　요셉은 '하나님의 영에 감동된 사람'이었다. 요셉은 여호와 앞에서 살아가면서 하나님의 영에 충만하였다. 하나님께서 그를 하나님의 영에 붙들리도록 해주셨던 것이다. 천국에 속한 자로서 우리가 제일 먼저 고려할 점은 '하나님의 사람'이어야 한다는 것이다.
　요셉은 바로 왕의 꿈을 해석해주면서 지혜롭게 대처하였다. 39절에, "너와 같이 명철하고 지혜 있는 자가 없도다." 여호와 앞에서 살아가는 사람은 하나님께로 말미암아 지혜로워야 한다. 앞뒤를 분간하지 못하고 무지하게 되면 하나님의 영광을 구하지 못한다. 우리가 하나님의 사람으로 이 땅에서 지내는 동안에, 지혜로워야 한다.
　요셉은 애굽의 총리가 되자 애굽 온 땅을 순찰하였다. 그는 자신이 다스려야 하는 애굽에 대하여 온 땅을 순찰하였다. 그는 자신의 수하 사람들을 시킬 수도 있었지만 자신이 직접 나랏일을 챙겼다. 하나님께서는 자기의 일에 신실한 자들과 함께 하신다.

◉ 제직부서장

종의 집에 복을 주시는 여호와

✻ 찬송_25, 372장 ✻ 성경_삼하 7:25-29

　우리가 본문에서 만나는 하나님은 자기의 종에게 복을 주시는 하나님이시다. 자기의 백성을 위하여 넘치도록 복을 주시는 여호와이시다. 복을 주시는 하나님 앞에서 우리는 어떤 자세를 가져야 할까? 이미 자기 백성에게 복을 약속해 주셨으므로 달라고 요청해야 한다.

　우리에게는 복 된 의무가 있는데, 가족 공동체로 살아가는 동안에 하나님께 복을 구해야 한다. 본문에는 하나님께서 약속하신 복이 다 이루어지기를 염원하는 다윗의 간절한 마음이 나타나 있다. 하나님께서 다윗의 집을 세우시고 복을 주시는데, 그 이유와 목적은 하나님의 이름이 영원히 높임을 받게 하기 위함이었다.

　자신의 집안을 세워주시겠다는 하나님의 말씀에 힘을 얻은 다윗은 더 간절히 기도할 마음이 생겼다. 그는 지금 여호와께서 약속하신 내용들이 그대로 이루어지게 해달라고 간구한다. 이것은 하나님이 반드시 그와 그의 집안을 대대로 강성하게 해 주실 것을 믿는다는 신앙고백이다.

　하나님께서는 우리에게 감히 바라지도 못할 복을 약속의 말씀으로 주셨다. 하나님의 약속이 꼭 이루어질 것을 확신하였던 다윗의 모습을 본받아서 종의 집에 복을 달라고 간구하는 가족이 되기 바란다.

◉ 교회기관 기관장

의인은 믿음으로 살리라

✖ 찬송_19, 384장 ✖ 성경_히 10:35-39

　본문에는 성도의 삶에 대한 가르침이 들어 있다. 우선 살펴볼 것은 성도는 무엇으로 사는가 하는 것이다. 의인은 믿음으로 살아야 한다고 하셨다. 우리가 아직 죄인이지만, 하나님의 편에서 의롭다 여겨주셨으니, 불의한 자를 의롭게 여겨주신 그 믿음으로 살아야 한다.

　우리가 믿음으로 살면서, 소극적으로는 뒤로 물러가지 말라고 하셨다. 만일, 의인이 믿음을 갖기 전의 상태로 물러가는 것은 불신앙이다. 불신앙은 멸망을 가져올 뿐이다. 의롭다 인정받기 이전의 상태로 돌아가면 죄인에게 내려지는 형벌이 기다릴 뿐이다.

　그러므로 우리는 마음에 각오를 새롭게 해야 한다. 하나님 앞에서 구원에 이르게 해주신 믿음으로 살되, 결코 구원받지 못했던 예전의 상태로 되돌아가서는 안 된다는 각오다.

　그러므로 믿음의 삶을 살기 위해서 조상들의 아름다운 믿음을 묵상하기를 권면한다. 성경의 기록에서 만나게 되는 바른 믿음을 지켰던 영웅들의 삶의 역사를 기억하자.

　인류의 역사 속에서 오직 신앙으로 살았던 이들의 삶을 묵상하자. 우리는 믿음의 담대함과 확신을 버리지 말고 끝까지 지켜야 한다. 그리고 주의 재림과 부활과 천국과 영생을 확신하시기를 축복한다.

◉ 집사 피택

주 안에서 행하고 굳게 서라
✵ 찬송_23, 291장 ✵ 성경_골 2:6-10

본문에서 하나님께서 물으시는 음성을 듣기를 축복한다.
-예수님을 주와 그리스도로 영접했는가?
-주님을 사랑한다 하면서 그에게 우리 자신을 굴복시켰는가?
-예수님을 주라 고백하면서 믿고 따르고 있는가?
오늘, 우리는 주님을 향한 신앙고백을 새롭게 하자.

본문에서 우리는 세 가지의 교훈을 받아야 한다. 첫째로, 믿음에 굳게 서라고 했다. 그것은 성경을 읽고 연구함으로써 가능하다. 둘째로, 감사함을 넘치게 하라고 했다. 그것은 구원 체험의 결과이다. 셋째로, 그리스도 안에서 행하라고 했다. 그것은 순종과 헌신의 삶이며, 정상적인 그리스도인의 삶이다.

어떤 의미에서 우리는 '주님의 학교'에 입학한 학생이다. 그러므로 주님의 학교의 교훈과 지침과 규칙을 잘 알고 그 안에서 성실히 준수하는 모범생이 되어야 한다. 사람은 인생이라는 하나님의 학교에 들어 온 학생들과 같다.

오늘, 우리가 그의 삶과 신앙을 따르기로 결심한다면 좋은 학생이 될 것이다. 신앙의 아름다움을 이어가기를 소망한다. 그러면 하나님께서 동행해주시는 형통의 복과 은혜를 누리게 될 것이다.

◉ 집사 장립

하나님을 기쁘시게 하는 믿음

✖ 찬송_10, 304장　✖ 성경_히 11:3-6

하나님을 기쁘시게 해 드릴 수 있는 것은 바로 믿음이다. 믿음을 가지고 하나님을 기쁘시게 해드리기를 소원하자. 오늘, 하나님 앞에서 믿음의 사람이 될 것을 다짐해야 한다.

하나님께 나아가는 자는 그가 계신 것을 믿어야 한다. 이것이 없이는 아무리 신앙생활의 연륜을 쌓아도 헛수고이다. 하나님은 하나님을 찾을 수 있고, 알 수 있고, 믿을 수 있는 분명한 길을 열어 주셨다. 그것이 곧 하나님의 말씀이다. 이 말씀으로 믿음을 갖게 된다.

그러면 우리가 가져야 하는 믿음의 내용은 무엇인가?

첫째, 우리가 믿음을 가지되, 하나님을 가장 기쁘시게 해드리는 일은 하나님이 계시다는 것을 믿는 것이다. 그리고 그의 아들을 믿는 자에게 영생을 주신다고 하는 말씀에 대한 믿음이다.

둘째, 하나님을 찾는 이에게 상 주시는 이심을 믿으라고 하셨다. 하나님은 그를 찾는 자에게 반드시 상을 주신다고 하는 믿음은 하나님을 기쁘시게 해드리는 사상이다.

하나님을 찾는다는 말은 하나님을 따라간다는 의미요, 따라간다는 말은 하나님의 말씀을 믿음으로 순종하는 생활이다. 이 믿음을 가져 하나님이 주시는 상을 받도록 하자. 복 된 인생이 될 것이다.

◉ 권사 피택

하늘에 있는 우리의 시민권

�֎ 찬송_16, 293장 �֎ 성경_빌 3:17-21

　우리는 땅만 바라보며 사는 자들이 아니고 하늘을 우러러 보며 사는 자들이다. 눈에 보이는 것들만 바라보지 말고, 눈에 보이지 않는 영원한 하나님의 나라를 바라보아야 한다.

　우리가 믿음의 경주자로 살아야 할 이유는 우리의 시민권이 하늘에 있기 때문이다. 앞서 간 이들에게 믿음으로 경주하는 삶을 살게 하신 하나님은 오늘, 우리가 그렇게 살아가기를 바라신다.

　하나님의 자녀들에게는 천국의 시민권이 보장되어 있다. 우리가 예수님을 구주로 믿는 순간에 천국의 시민이 되게 하신 것이다. 성도들은 천국 백성이며 천국의 시민권을 가진 자들이다. 이것은 얼마나 존귀하고 영광스러운 사실인가?

　그러면, 나는 과연 예수님을 믿는 것을 영광스럽게 여기며 살아가고 있는가? 믿음의 선배들은 자신이 하나님의 사람이었음을 영광스럽게 여겼다. 그들은 언제나 이 땅에서보다 천국의 아름다움을 가슴에 품고 찬송하며 지냈다. 천국은 영광스러운 나라이다.

　우리는 지금, 구원하는 자 곧 주 예수 그리스도께서 천국으로부터 다시 오실 것을 기다리고 있다. 지금 천국에 계신 주님께서는 약속하신 대로 반드시 다시 오신다. 그러므로 우리는 그의 오심을 기다린다.

◉ 권사 취임

여호와를 신뢰하고 인정하라

✤ 찬송_14, 378장 ✤ 성경_잠 3:5-6

　하나님의 자녀는 여호와께서 인생에게 주신 교훈을 마음에 새겨야 한다. 마음은 인간의 감정과 행동, 사상의 원천이 되는 자리다. 우리는 하나님의 말씀에 대한 전 인격적인 순종과 적극적인 수호를 마음에 간직해야 해야 한다.

　우리는 하나님의 말씀에 대한 소극적인 권고(잊어버리지 말고)와 적극적인 권고(지키라)를 따라야 한다. 이스라엘 사람들에게 있어 가장 큰 복은 하나님께서 약속하신 땅에서 오랫동안 행복하게 사는 것이었다. 그 장수의 복을 누리게 해주는 복을 사모하는 우리와 가족들이 되기 바란다. 하나님께서는 바라는 자들에게 응답으로 채워 주신다.

　하나님께서는 마음을 다하여 여호와를 신뢰하는 자와 함께 하신다. 자기의 명철을 버리고 하나님께 자신을 맡길 때, 함께 하시고, 인생을 인도해 주신다. 좋은 곳으로, 만족하게 인도해주시는 하나님이시다.

　따라서 우리는 삶의 모든 영역을 진정한 신뢰의 대상이 되신 하나님께 맡겨야 한다. 이러한 자세는 하나님의 뜻을 인지하고 발견하기 위한 신앙의 근본적이고 제일가는 원리가 된다. 성도는 삶의 영역에서 발생하는 일들이 하나님의 뜻에 합당한가를 살펴야 하며, 그 일에 대한 하나님의 인도를 구하는 신앙인이 되기를 축복한다.

◉ 장로 피택

푯대를 향하여

✸ 찬송_10, 298장　✸ 성경_빌 3:12-14

　우리는 주님이라는 푯대를 바라보아야 한다. 푯대라는 말은 '스코포스'라고 하는데 '시선을 목표에 붙들어 맨다'는 의미이다. 달리는 사람은 골인 지점에 시선을 맞추고 놓치지 말아야 한다. 만일, 어떠한 이유이든 목표를 놓친다면 그는 더 이상 달릴 필요가 없다.

　바울은 우리가 뛰어갈 동안은 언제나 목표점에 마음과 시선을 모아야 함을 가르치고 있다. '푯대를 향하여' 방향 설정이 바로 되어 있는 사람만이 목표를 달성할 수 있다. 스스로 물어보자. 나는 지금 푯대를 보고 달려가고 있는가? 현재 나의 시선을 흐리게 만드는 것은 무엇인가?

　그렇다면 푯대는 무엇일까? 바울은 두 가지를 언급하였다. 하나는 주 예수 그리스도이시다. 다른 하나는 상급이다. 우리는 예수 안에서 약속하신 상을 바라보고 뛰어가야 한다. 우리를 구원하여 주신 은혜를 생각하면 그것도 감사한데 우리 주님은 상을 주시겠다고 약속하셨다. 우리 모두 준비 된 상을 받아 기쁨을 누려야 한다.

　지금, 주님의 은혜를 받아야 하며, 주님의 사랑을 공급받아야 한다. 예수 안에 이미 약속 받은 것들을 누리기 위하여 겸손한 마음으로 최선의 방법으로 뛰어야 한다. 푯대를 향해서 나아갈 때, 상급이 있다.

◉ 장로 장립

모든 일들을 행하시는 여호와

✱ 찬송_28, 305장 ✱ 성경_사 45:5-7

　이 땅에는 두 가지의 역사가 있다. 그것은 사람의 역사와 하나님의 역사다. 사람의 역사는 사람이 역사를 움직였다고 쓰지만, 그 역사를 배후에서 이루어 가시는 분은 하나님이시다.

　하나님은 이스라엘을 바벨론에서 해방하기 위해서, 고레스가 하나님을 모르는 이방 왕이었지만 그래도 하나님은 그를 세워 사용하셨다. 그는 하나님의 계시를 받고 그대로 순종하여 이스라엘 백성들을 포로에서 해방시키는 일을 했다. 하나님은 역사의 배후에서 사람을 선택하여 일을 이루어가신다. 우리는 역사의 기록에서 하나님의 일에 사람이 쓰임을 받았음을 알게 된다.

　하나님은 그 위대한 일에 우리를 세우시고 사용하고 계신다. 지난 시대의 성도들이 쓰임을 받았듯이, 이제는 우리가 하나님 앞에 세워져서 일을 하시기를 기대하신다.

　인간의 역사는 고레스가 바벨론을 무너뜨린 것이 그의 힘으로 된 것이라 믿고 있다. 그러나 하나님은 그것이 하나님이 고레스를 쓰시기 위한 것이라고 선언하신다. 고레스는 하나님을 모르는 자였지만 하나님이 길을 열어주시고 힘을 주시고 앞길을 평탄케 하셨다.

　우리의 인생도 주님께 달려있음을 알아야 한다. 주님의 크신 능력의 손에 온전히 쓰임받기를 사모하자.

2. 목양 심방

새 교우(등록) 심방 / 90

신혼 가정-결신자/ 젊은이-결신자/ 장년-결신/ 중년-결신/ 노인-결신자/ 신혼 가정-타 교회에서 이거/ 젊은이-타 교회에서 이거/ 장년-타 교회에서 이거/ 중년-타 교회에서 이거/ 노인-타 교회에서 이거

축하 심방 / 110

결혼-새가정/ 분가/ 임신/ 새 아기의 탄생/ 첫돌/ 생일/ 생신/ 회갑/ 고희/ 합격/ 표창-수상/ 진급-승진/ 외국에 유학

일터(직장, 사업장) 심방 / 136

일터에서의 근무/ 사업장의 개업/ 직장의 세속문화/ 자영업의 점포/ 회사의 경영/ 사업장의 확장/ 경영이 어려워짐

격려 심방 / 150

소망이 좌절됨/ 갑자기 질병에 걸림/ 억울한 일을 당함/ 모함에 빠짐/ 가정에 위기가 닥쳐옴/ 생업에 대한 불안함/ 자녀의 진학 실패

또 미리 정하신 그들을 또한 부르시고 부르신 그들을 또한 의롭다 하시고 의롭다 하신 그들을 또한 영화롭게 하셨느니라(롬 8:30)

새 교우(등록) 심방
● 신혼가정—결신자

여호와 보시기에 정직하게
✱ 찬송_86, 310장 ✱ 성경_왕상 15:11-15

하나님은 하나님을 경외하고 말씀에 순종하는 자에게 복을 주시지만, 말씀에 불순종하고 우상숭배하는 자들은 철저히 징계하신다. 세상 모든 것을 소유했을지라도 하나님을 떠나면 그 인생은 망하게 된다. 그러나 지난날에는 어떠하였을지라도 하나님께 순종하면 복을 주신다.

아사는 부왕 아비야와는 정반대로 그 조상 다윗과 같이 여호와 보시기에 정직하게 행하였다. 그는 하나님 앞에서 선과 정의를 행하였다. 그는 하나님 보시기에 옳지 못한 일이라면 인정이나 혈통의 구애를 받지 않고 처리하여 그의 어머니의 우상숭배의 죄도 그대로 두지 않고 단속했다. 그는 하나님 앞에서 살아가는 의식으로 모든 것을 처리했다.

아사는 위급한 일을 만났을 때도 사람의 힘을 의지하지 않고 하나님을 찾았듯이, 여호와의 도우심만을 전적으로 의지하는 큰 믿음을 지녀야 한다. 마음을 강하게 하고 뜻을 다하여서 하나님의 말씀에 순종하자. 여호와께서 보시기에 온전히 하여 하나님 한 분만을 오로지 사랑할 수 있기를 소원해야 한다. 우리 자신의 삶을 통해서 하나님이 기뻐하시는 선한 열매를 맺을 수 있기를 소망할 것을 결단하자. 나의 인생이 여호와께 정직할 때, 하나님 앞에서 소망이 있다.

◉ 젊은이-결신자

부르심과 택하심을 굳게 하라

✳ 찬송_294, 381장 ✳ 성경_벧후 1:5-10

본문의 말씀은 우리에게 하나님의 부르심과 택하심을 굳게 하라고 권고한다. 하나님께서는 구원하시기로 예정해 주신 자들을 부르신다. 우리가 이 부르심에 대한 확실한 믿음을 가진다면 우리의 구원에 대해 확신을 가질 수 있다. 택하심이란 하나님이 우리를 택하셨다는 하나님의 예정을 가리킨다.

부르심과 택하심은 하나님의 구원 섭리에 대한 양면을 설명하는 말이다. 하나님의 부르심이 있다면 그것은 하나님의 택하심이 있었다는 증거요, 하나님의 택하심이 있다면 그 사람들에 대한 부르심이 반드시 있다. 오늘, 이 가정의 식구들이 부르심과 택하심의 은혜로 구원에 이르렀음에 감사한다.

로마서 8:30을 보면, "또 미리 정하신 그들을 또한 부르시고 부르신 그들을 또한 의롭다 하시고 의롭다 하신 그들을 또한 영화롭게 하셨다"고 했다. 하나님은 우리의 구원을 위해서 보배롭고 큰 약속으로 우리를 부르셨다.

구원의 진리를 믿지 못하고 흔들리면 우리는 아무 것도 가질 수 없다. 아무 열매도 맺을 수 없다. 우리가 이런 믿음을 가지고 살아가면서 어떤 고난이 와도 그 고난으로 실족하지 않게 되기를 축원한다.

◉ 장년-결신자

믿음과 사랑으로 본받아 지키라

✳ 찬송_298, 399장 ✳ 성경_딤후 1:10-14

　복음으로 사는 성도는 바른 말씀들의 윤곽을 굳게 붙잡아야 한다. 그래야만 그는 말씀을 지키고 살아갈 수 있다. 고난 중에서 은혜를 포기하지 말고 굳게 간직하여야 한다.

　본문에서 디모데의 첫째 사명은 바른 말씀들을 붙잡고 그 말씀들을 전파하는 직무를 행하는 것이었다. 그것은 오늘날 교회와 우리들의 직무인데, 하나님의 바른 말씀을 성실하게 지키고 전파하는 것에 힘을 다하여야 한다. 우리는 주님 앞에서 복음으로 살겠다는 거룩한 다짐을 해야 한다. 바른 말을 본받아 지키고 전파하는 일에 부지런하기를 다짐하자. 그러면 성령님의 능력으로 이루어진다.

　말씀을 간직하고 전하는 일은 "우리 안에 거하시는 성령으로 말미암아" 이루어진다. 성령, 곧 하나님의 영은 우리 안에 거하시면서 우리에게 능력이 되신다. 이 사실은 하나님께서 우리와 함께 하신다는 사실이며, 이것은 성도의 참으로 놀랍고도 놀라운 특권이다.

　하나님께서는 구주 예수님의 십자가 공로로 인하여 우리의 죄를 사하시고 우리와 화목하시며 우리와 친밀한 교제를 나누신다. 그러므로 복음의 말씀에 의해 믿음으로 살기를 다짐하자. 하나님의 말씀으로 풍성해진 은혜를 이웃에 전파하는 삶을 사모하자.

◉ 중년-결신자

온 집에 복을 주시는 하나님

✖ 찬송_302, 388장　✖ 성경_삼하 6:9-11

웃사가 하나님의 궤를 붙듦으로 말미암아 죽었는데, 이 사건으로 인하여 모든 사람들이 하나님의 궤를 꺼려하고 두려워하고 멀리할 때, 오벧에돔은 담대하게 궤를 자기 집으로 모셔서 잘 받들었다. 그 결과 오벧에돔이 하나님께로부터 큰 복을 받았다.

오벧에돔은 성전의 문지기를 맡은 자였는데, 하나님께로부터 자손의 복을 받았을 뿐 아니라 집안이 두루 형통하고 번성하는 복을 받았다.

첫째, 자손이 번성하는 복을 받았다. "오벧에돔에게서 난 자가 육십이 명이며"라고 했다는 말로 자손번성의 복을 받은 사실을 알게 된다.

둘째, 자손들 중에서 큰 인물이 나왔다. "그의 아들 스마야도 두어 아들을 낳았으니 그들의 조상의 가문을 다스리는 자요 큰 용사라"(6)는 말은 지도자가 배출되었다는 뜻이다.

셋째, 자손들 모두 능력이 있는 유능한 사람들이었다. "이는 다 오벧에돔의 자손이라 그들과 그의 아들들과 그의 형제들은 다 능력이 있어 그 직무를 잘하는 자니……"라고 했다.

오늘날 이 집안의 온 가족이 말씀을 귀하게 여기며 말씀과 동행하는 삶을 살기 원한다. 그래서 복을 받는 역사가 나타나기를 축복한다.

◉ 노인-결신자

그리스도의 평강을 받는 성도

✸ 찬송_306, 376장 ✸ 성경_골 3:12-17

"하나님의 평강이 너희 마음을 주장하게 하라"고 하셨다. 우리가 평강을 자주 잃어버리기 때문이다. 눈에 보이는 것들에 마음을 빼앗겨서 평강을 잃고 두려워하는 것이다.

우리는 얼마나 염려하며 근심하며 불안해하고 심지어 낙심하는가. 그런데 이것은 성도의 올바른 삶의 모습이 아니다. 하나님의 자녀들은 말씀의 약속을 통해서 마음에 평강을 지녀야 한다. 눈에 보이는 것에 마음을 빼앗기지 않고, 오직 성령님의 은혜 안에서 살아야 한다.

그러므로 우리가 평강의 사람이 되기 위하여 성령님의 충만하심을 사모하자. 성령님의 은혜로 말미암아 하나님을 향해 그리고 서로를 향해 감사하는 자들이 되기를 축원한다. 항상 하나님께 감사하며 또 서로를 향해 감사하는 자들이 되어야 한다.

주님 안에서 평강과 감사는 다 연결되어 있다. 그리스도의 평강으로 살아야 늘 감사의 말을 할 수 있다. 평강을 누릴 때, 불평과 원망 대신에 감사하게 된다. 바로 이것이 우리들의 삶이 되어야 한다.

우리의 마음은 평안하고 또 서로간의 화평을 도모하고 있는가? 우리는 불평이나 원망 대신에 감사하는 자인가? 우리 모두는 이 질문에 대해 '예'라고 대답할 수 있어야 한다.

◉ 신혼가정-타 교회

종과 횡으로 땅을 주시는 여호와
✳ 찬송_310, 392장   ✳ 성경_창 13:14-18

하나님의 사람들에게는 영안이 열려 있어야 한다. 그 눈은 세상의 것을 마음의 눈으로 보는 것이 아니라, 믿음과 소망으로 보는 것이다. 하나님께서는 아브라함에게 믿음과 소망의 눈으로 약속의 땅을 바라보도록 하셨다.

믿음은 갖지 못한 것을 소유하며, 보이지 않는 것을 보는 신앙이다. 우리는 눈에 보이는 것만으로 살지 않는다. 하나님의 약속에 소망을 갖고 사는 것이다. 그래서 "믿음은 바라는 것들의 실상이요 보이지 않는 것들의 증거니"(히 11:1)라고 했다. 따라서 믿음의 눈, 소망의 눈을 갖고, 하나님의 약속을 바라보아야 한다.

아브라함에게 하나님께서 약속하셨다. "네 자손이 땅의 티끌 같게 하리니." 이는 '큰 민족'을 이루게 하리라는 약속에 대하여 구체적으로 강조한 표현이다. 아브라함의 후손에 대한 약속은 '하늘의 뭇별'(창 15:5), '바닷가의 모래'(창 22:17)로 이어지면서 나타났다. 이 약속은 당시의 아브라함에게는 꿈과 같은 소망이었을 것이다. 이 약속은 역사적으로, 영적으로 성취되었다.

하나님의 약속은 성취되며 또한 하나님 안에서는 능히 하지 못할 일이 없음을 새삼 깨닫게 된다. 하나님의 약속을 바라보는 성도들이 되자.

◉ 젊은이-타 교회

영으로써 몸의 행실을 죽이라

✶ 찬송_291, 269장 ✶ 성경_롬 8:11-17

본문에서는 우리를 가리켜 '빚진 자'라고 했다. 우리는 하나님께서 구원해 주시는 은혜의 빚을 졌다. 하나님께서는 우리를 값없이 은혜로 구원하셨다. 오직 주님의 십자가 공로로 우리를 죄에서 해방시키시고 우리를 의롭다고 인정하시고 새 생명을 주셨다.

이것은 우리가 값으로 계산할 수 없는 큰 빚이다. 이것이 성경이 말하는 구원의 은혜이다. 지옥 갈 죄인을 천국 가게 하신 구원의 은혜의 값을 어떻게 환산할 수 있겠는가? 그러나 한 번 구원을 받아 의롭다 여기심을 받은 사람이 육신의 죄성을 따라 살면 반드시 죽는다. 의롭게 된 사람이 불의의 소욕에 따라 살면 부끄러운 죽음을 당한다.

그렇지만 이것이 성도의 구원이 중도에 실패하거나 잃어버릴 수 있음을 증명하는 것은 아니다. 하나님께서 예정하시고, 주님의 흘리신 피로 구속하시고, 성령님께서 중생시키신 백성은 반드시 다 구원을 받고 영광에 이르도록 하신다.

우리의 삶은 성령님의 충만함으로 말미암아 몸의 죄악 된 행위들을 죽이는 삶이어야 한다. 그것이 성화의 삶이다. 성령님께서는 우리의 거룩함을 위해서 우리 안에 내재하신다. 우리는 성령님의 감동하심에 순종하여 구원을 받기 이전의 죄악 된 행실을 죽이도록 하자.

◉ 장년-타 교회

주를 앙모하는 자

✱ 찬송_295, 294장 ✱ 성경_시 63:1-4

　본문의 저자인 다윗은 하나님을 자기의 목자로 의지하면서 일생을 보낸 사람이다. 그는 압살롬의 군대에 의해 회복할 수 없어 보일 정도로 크게 패배했었다. 그때, 반란군에 의해 궁전과 성전을 모두 포기하고 요단강을 건너 피신해 있어야만 하였다.

　그의 대적들은 단숨에 다윗을 몰아 붙여 그와 그를 따르는 자들을 전멸시키려고 했지만, 다윗은 절망하지 않고 하나님을 바라보며 침묵을 지켰다. 그는 자기를 대신해서 일하시는 하나님의 손을 바라보았다. 하나님께서는 우리에게 어떤 어려움에서도 하나님만을 바라보고 의지하는 은혜를 주신다.

　다윗은 어려움을 통해서 일하시는 하나님을 기다렸다. 모든 것을 하나님께 맡기고 하나님을 기다리기로 했던 것이다. 그가 이렇게 할 수 있었던 것은 자기를 구원할 수 있는 분은 오직 하나님 한 분밖에 없다고 믿었기 때문이다. 어려운 일들을 만나지만 당황하거나 흥분하여 감정적으로 대하기보다, 잠잠히 하나님의 구원의 손길을 기다리자.

　우리는 다윗과 같이, 오직 하나님만이 피할 바위시며, 어려움에서 건져내실 유일한 분이시라는 분명한 확신을 갖기 위해 기도하자. 잠잠히 하나님을 바라보는 사람이 되자.

◉ 중년-타 교회

영화롭게 해 주시는 하나님

✹ 찬송_299, 374장 ✹ 성경_잠 4:5-9

　사람이 복된 인생을 살도록 좌우하는 것이 있는데, 바로 지혜의 말씀이다. 지혜의 말씀은 바로 하나님의 입에서 나오는 것으로, 이 말씀을 믿고 따르면 말씀대로 성취된다.

　본문에서 그는 지혜를 가리키는데, 이 지혜를 높이라는 말은 우리가 가지고 있는 것 중 가장 소중히 여기라는 뜻이다. 그러면 지혜가 우리들을 높이 들어주신다고 하였다. 사람이 지혜의 말씀에 순종해서 생활하면 지혜는 그 사람을 끝까지 보호하는 책임을 져 준다.

　우리는 지혜로운 자가 되기를 기도해야 한다. 지혜가 우리를 존귀하게 해 주고 우리로 세상에서 머리가 될지언정 꼬리가 되지 않게 하시며 우리로 복을 받을지언정 화를 받지 않게 해 주심을 믿었기 때문이다.

　지혜는 하나님의 말씀이므로, 그 말씀대로 이룰 수 있는 능력을 스스로 가지고 있다. 우리가 지혜를 품으면 영화롭게 해주신다. 또한 아름다운 관을 머리에 두겠고 영화로운 면류관을 주신다. 지혜가 우리를 인도할 때, 정직한 첩경으로 인도하며 다닐 때에 우리의 걸음이 곤란하지 아니하도록 안전하게 해주며 달려 갈 때에도 실족함이 없도록 보살펴 준다.

　지혜의 말씀으로 살기를 축원한다. 지혜가 나의 인생을 복되게 한다.

◉ 노안-타 교회

생명수 샘물을 주리니

✳ 찬송_22, 387장   ✳ 성경_계 21:1-7

  모든 일을 이루시는 분은 하나님이시다. 그는 알파와 오메가요 처음과 나중이 되신다. 우리의 삶에 있어서도 그는 처음과 나중이 되신다.

  처음과 나중이 되시는 하나님의 은혜로 모든 일을 이루는 삶을 사심으로써 이기는 자가 되어야 한다. '이기는 자'란, 죄의 시험과 유혹을 이기고, 세상과 마귀의 유혹과 핍박을 이기는 자를 말한다. 우리는 오직 마음을 새롭게 함으로써 변화를 받기를 사모하자. 그리하여 하나님의 선하시고, 기뻐하시고, 온전하신 뜻이 무엇인지 분별해야 한다.

  믿음의 조상들이 이기는 자가 되었던 것처럼, 우리도 이기는 자가 되기를 사모해야 하겠다. 성경은 하나님의 아들 예수 그리스도를 진실히 믿는 자는 이기는 자가 된다고 약속하셨다. 요한일서 5:4, "세상을 이긴 이김은 이것이니 우리의 믿음이니라." 죄와 세상과 마귀를 이기는 길은 참된 믿음을 가지고 믿음으로 사는 것이다.

  세상은 악하고 마귀의 시험은 강하고 우리는 약할지라도, 우리 주 예수님의 십자가 공로를 믿는 자마다 세상을 이기고 자신의 죄성을 이기고 마귀를 이길 것이다. 그러므로 범사에 오직 믿음으로 살자. 그것이 이기는 길이며 영광스런 새 세계에 들어가는 복된 길이다.

축하 심방
● 결혼-새가정

사랑으로 생육하고, 번성하는 가정
 찬송_16, 136장 ✖ 성경_창 1:28

하나님께서 귀하게 여기시며, 복을 주심은 새 가정이다. 하나님 앞에서 부부는 서로 사랑해야 된다. 하나님께서 아담과 하와에게 생육의 복을 주셨다. 그들이 이 복을 받기 위해서는 서로 사랑해야 하였다. 하나님께서는 태의 문을 열어주시고, 사람은 서로 사랑해야 한다.

우리는 가정의 기초가 사랑이라는 것을 깨닫게 된다. 부부는 사랑으로써 관계를 유지해야 한다. 이 사랑이 세상에 드러내는 하나님의 사랑이다.

가정은 번성해야 한다. 하나님께서는 아담과 하와에게 번성할 것을 약속하셨다. 번성이란 단지 자녀를 많이 낳는다는 의미를 훨씬 뛰어넘는다. 자녀들이 많아지는 육체적인 번성과 아울러 그 자녀들로 인해서 가정이 풍요롭게 된다는 뜻이다. 우리는 번성의 복을 받기 위하여 서로 사랑해야 한다.

땅에 충만하고, 땅을 정복하는 가정이 되기를 사모해야 한다. 가정에 자녀들이 많으면 충만함을 누린다. 또한 부모와 자녀들에 의해서 일들이 많이 일어나면 충만함을 누린다. 하나님께서는 우리의 가정이 땅에 충만하도록 복을 주셨다. 우리의 이름들이 땅에 가득해지고, 우리의 일들이 땅에서 많아지기를 기대하신다.

◉ 분가

전통을 지키는 신앙
✖ 찬송_307, 390장 ✖ 성경_고전 11:1-2

　하나님께서 사람을 세우시는 방법은 역사에 있다. 역사는 그 시대에 국한하지 않고, 다음 세대로 연결이 된다. 하나님께서는 우리에게 행하신 일을 통해서 다음 세대의 사람들에게도 동일한 은혜를 주신다.

　바울은 그리스도를 본받는 자가 되었다. 그는 자신이 그리스도를 통해서 주 안에서 세워졌기에 성도들에게 자신을 본받으라고 권면하였다.

　우리 주 예수님은 이상적인 인격의 모범이 되신다. 주님은 하나님의 영광을 구해야 하는 삶의 본보기이시다. ○○○님께서는 그리스도를 본 받아오고 계시다. 참으로 감사하다.

　바울은 고린도 교인들이 자기가 전한 교훈과 규례를 잘 지켰음을 칭찬하였다. 우리는 믿음의 조상들이 살았던 삶을 내 것으로 해서, 여호와 앞에서 칭찬이 되어야 한다.

　우리가 원하는 하나님께 대한 순종은 하나님의 종들이 전한 바른 말씀을 순종함으로써 이루어진다. 하나님께 대한 순종은 성경 66권의 말씀을 지키는 것이다.

　우리가 그 교훈대로 믿고 실천한다면 하나님과 사람 앞에 칭찬을 받을 것이다. 자기의 생각과 주관을 꺾고 성경에 계시된 하나님의 모든 뜻을 믿고 실천하는 우리들이 되기 바란다.

◉ 임신

태의 열매로 상급을 주시는 하나님

�֍ 찬송_23, 559장 ✦ 성경_시 127:3-5

하나님께서는 부부에게 자녀를 주신다. 하나님께서는 자녀를 가리켜 여호와께서 주신 기업이라고 하셨다. 여기에서 기업은 주는 사람이 임의로 주는 것을 말한다. 생명은 부모가 원한다고 해서 가질 수 있는 것이 아니다.

생명은 하나님께서 허락해야만 얻을 수 있다. 여자라고 하여 애를 낳을 수 있는 것이 아니다. 우리 주위에는 아기를 갖지 못하는 이들이 있다. 사실, 여인의 태라 하여 모두가 임신할 수 있는 것은 아니다. 하나님께서 허락하지 않으시면 임신하지 못한다.

태의 열매를 상급이라 하셨다. 이 말에는 받을 자격이 없지만, 은혜로 주신 것이라는 의미가 있다. 자녀는 하나님께서 자신의 뜻을 따라 선물로 주시는 기업이며, 상급이다.

자녀를 비유하여 장사의 수중의 화살이라고 했다. 전쟁에 있어서 화살통에 화살이 많이 들어있으면 적을 이길 수 있다. 자녀는 하나님께서 사람들에게 주신 기업과 상급 중에 가장 귀하다.

하나님께서는 사람들에게 자녀를 주셔서 그의 삶을 복되게 하신다. 가정의 혈통을 잇게 하시고, 부모가 하던 일을 잇게 하신다. 자녀를 주셨음에 감사하고, 출산의 복을 기다리며 지내시기를 축복한다.

◉ 새 아기의 탄생

이 아이를 위하여 – 한나의 결단

✖ 찬송_17, 559장　✖ 성경_삼상 1:21-28

"젖을 떼거든." 한나는 아이 사무엘에 대하여 결단을 한다. 사무엘이 젖을 떼거든 여호와의 전으로 데리고 가서 평생을 그곳에 있게 하겠다는 것이다. 한나는 "주의 여종에게 아들을 주시면 내가 그의 평생에 그를 여호와께 드리고"라고 약속한 것을 신실하게 지키는 은혜를 보였다.

엘가나의 말 – "그대의 소견에 좋은 대로 하여." 엘가나는 한나의 말을 듣고 찬동하였다. 그에게 사무엘은 귀한 아들이었으나 사무엘이 한나의 간구에 대한 하나님의 응답이었음을 깨닫고 있었다. 한나의 결단과 엘가나의 찬동은 하나님 앞에서 부부의 모습을 배우게 한다. 부부는 서로 신앙의 동역자가 되어야 한다.

한나는 자기가 결단한 그대로 아기 사무엘을 여호와께 바쳤다. 하나님께 서원한 약속을 지키는 한나의 거룩함을 볼 수 있다. 젖을 뗀 후에, 아이를 성전으로 데리고 가서 엘리 제사장에게 맡겼다. 그리고 사무엘을 여호와께 드림에 대하여 감사로 경배하였다.

오늘, 아기의 생명 앞에서 하나님께 대한 신앙의 결단을 하는 부모가 되어야 한다. 한나에게 응답하신 하나님의 은혜로 오늘, 우리는 귀한 가정에서 아기를 보게 되었다. 새 아기를 위하여 기도하기 원한다.

◉ 첫돌

사랑스러운 아기
✖ 찬송_95, 557장 ✖ 성경_눅 2:52

하나님께서 아기를 주시고, 첫돌을 맞게 하셨음에 감사드린다.

지혜의 자람: 지혜가 자라기를 축복한다. 어린 예수님은 지혜에 있어서 자라셨다. 예수님의 신성은 본래부터 지식과 지혜가 충만하시지만, 그의 인성의 지혜는 자라갔다. 어린 시절의 예수님은 지혜가 충족함에 이르도록 자라신 것이다. 부모는 자녀가 지혜롭게 자라도록 도와주어야 할 의무가 있다.

몸의 자람: 신체적으로 강건하기를 축복한다. 사람의 키는 육체적인 성장을 보여준다. 주님의 키가 자랐다는 표현은 육체적으로 완전한 성장을 이루셨다는 것이다. 어린 예수님은 신체적으로 자라야 하는 시기에 완전한 성장을 갖추게 되셨다. 부모는 자신이 양육을 맡은 자녀가 신체적으로 성장하도록 도와주어야 한다.

사랑스럽게 자람: 주변의 사람들과 하나님께 사랑을 받기를 축복한다. 성경의 여러 곳에 기록된 대로, 예수님은 죄 없는 인격이셨으므로 하나님께서 그를 기뻐하시고, 사람들도 그를 사랑스럽게 생각한 것은 당연하였다. 주님께서는 하나님과 사람들에게 더 사랑스럽게 자라셨다.

우리는 자녀가 신앙적, 사회적으로 성장하도록 도와야 한다. 하나님께서 원하시는 사람으로 자라도록 기도하는 부모가 되자.

⊙ 생일

주를 위하여 순종하라
✖ 찬송_67장, 549장　✖ 성경_벧전 2:13-17

　우리가 사는 땅에는 제도가 있다. 사회적으로, 정치적으로 제도가 있어서 질서를 유지하게 된다. 본문 13절에 "인간의 모든 제도를 주를 위하여 순종하되"라고 하였다. 이 말씀의 의미는 땅 위에 있는 제도를 하나님께서 인정하셨다는 것이다. 하나님께서는 정치적으로 사람을 세우셔서 세상을 다스리신다.

　착한 일에 도전해야 한다. 우리는 하나님의 형상으로 지음을 받았기 때문에 착하게 산다거나 착한 일을 하려는 의지를 갖고 있다. 하나님께서는 성도가 착한 일을 하며 살기를 바라신다. 본문의 15절에, "곧 선행으로 어리석은 사람들의 무식한 말을 막으시는 것이라" 하였다.

　아울러 여기에 덧붙여야 할 것이 있는데, 인간관계에서 우리는 다른 사람을 존경해야 한다는 사실이다. 우리가 남을 존경할 때, 하나님의 의를 이루게 된다. 존경하는 그 행위가 하나님을 경외하는 것으로 이어지기 때문이다. 그러므로 본문의 17절에서, "뭇 사람을 공경하며 형제를 사랑하며 하나님을 두려워하며 왕을 존대하라"라고 하였다.

　하나님께서 우리에게 자유의지를 주심은 우리 스스로 책임이 있는 존재가 되라 하심이다. 하나님 앞에서 나의 의지를 착한 일에 도모하시기를 축복한다.

◉ 생신

여호와를 경외하는 자

본문에서 하나님께서는 자신을 경외하는 사람들에게 그들이 선택할 길을 가르쳐 주신다고 강조하고 있다. 하나님은 자신을 경외하는 사람들이 무엇을 선택하고 어떻게 살아가야 할지 분명히 가르쳐 주신다. ○○○님께서는 이 땅에서 사는 동안에 하나님의 가르침을 받으며 지내야 하신다. 하나님은 자기를 경외하는 자가 내적(영혼)으로나, 외적(땅)으로 번영을 누리게 하신다. 그러므로 그들은 평안한 심령을 갖게 되고, 그 후손은 땅을 상속하게 해 주신다.

하나님은 자기를 경외하는 사람들과 친밀한 교제를 나누시고, 그들에게 자신의 신실하신 언약을 계시해 주신다. 아버지는 아들에게 비밀이 없다. 하나님은 자기를 경외하는 사람들에게 모든 비밀을 숨김없이 보여 주시고 가르쳐 주신다. ○○○님께서는 참으로 하나님과의 사이에 비밀이 없는 삶을 사시기 바란다.

하나님은 자기를 경외하는 자를 악인이 친 온갖 그물에서 벗어나게 해 주신다. 사탄은 우리를 죽이고 멸망에 빠지게 하지만, 하나님 아버지께서는 그의 자녀들을 지켜주시고, 악인의 올무에서도 건져 주신다.

우리는 하나님을 경외하는 자로서 복을 누리기를 간절히 소망해야 한다. 여호와를 경외하는 자로 살아가기를 축복한다.

◉ 회갑

여호와를 하나님으로 삼는 백성

�֍ 찬송_16, 547장 ✶ 성경_시 144:12-15

　다윗은 자신과 자기의 자녀들에게 나타나는 하나님의 은혜를 보았다. 자기의 아들들이 어리고 연약하게 보였는데, 하나님께서 그들을 장성한 나무들과 같게 해 주셨다고 하였다. 가정에 나타나는 하나님의 은총은 자녀들이 바르고, 튼튼하게 성장하는 것이다. 부모가 제공해 주는 것에 의해서 자라기보다는 하나님의 은혜로 성장한다.

　다윗은 가정에 임하는 하나님의 손길이 곳간에도 나타나는 것을 경험하였다. 곳간에는 백곡이 가득하다고 하였다. 양들은 들에서 천천과 만만으로 번성하였다고 했다. 여호와의 복을 주심은 창고에 있다. 그리고 손으로 하는 모든 일에 복을 주심이다. 나아가 짐승의 새끼와 소와 양의 새끼가 복을 받게 하셨다.

　다윗은 이같이 임하는 하나님의 복이 어디로부터 오는가를 묵상하였다. 그래서 그는 본문 15절에 기록된 것처럼, "여호와를 자기 하나님으로 삼는 백성은 복이 있도다"라고 고백하였다. 여호와를 자기 하나님으로 섬기는 사람은 하나님을 자신의 주인으로 섬기고, 하나님의 뜻을 구하며 산다.

　하나님께서 ○○○님께 복을 주심은 여호와를 하나님으로 삼게 하시기 위함이다. 하나님께서 좋은 것으로 만족하게 하셨음에 감사하자.

◉ 고희

복이 있는 사람

✖ 찬송_292, 373장 ✖ 성경_마 5:1-12

　예수님께서는 산 위에서, 제자들을 가르치시려고 복이 있는 자에 대한 말씀을 하셨다. 주님께서 말씀하신 복의 내용은 두 가지이다. 처음의 네 가지 복은 구원을 위한 준비라 볼 수 있다.
　-심령이, 영적으로 가난한 사람은 천국을 소유한다.
　-애통하는 자, 죄를 회개하는 자는 하나님의 위로를 받는다.
　-온유한 자에게 하나님께서는 땅을 차지하도록 해 주신다.
　-의에 주리고 목마른 자는 의로움의 완전함에 이르게 된다.
　나머지 네 가지 복은 구원받은 자의 덕이라고 볼 수 있다.
　-긍휼히 여기는 자는 하나님께로부터 긍휼히 여김을 받는다.
　-마음이 청결한 자, 속죄함을 받은 자는 하나님을 본다.
　-화평하게 하는 자는 하나님의 아들이라 일컬음을 받는다.
　-의를 위하여 박해를 받은 자는 천국을 소유한다.
　여기에서, 처음의 네 가지는 다음의 네 가지와 일치된다. 심령의 가난함과 남을 긍휼히 여김, 죄를 애통함과 마음의 청결함, 온유함과 화평하게 함, 그리고 의에 주리고 목마름과 의를 위해 박해를 받음이 서로 연결되는데, 이 복은 주님을 따르는 제자의 규범이 된다. 오늘, 하나님 앞에서 거룩하기 위하여 심령이 가난하기를 소망하자.
　"좁은 문으로 들어가라." 이 말씀은 예수님을 구주로 영접하고, 주님을 따르겠다고 결단한 사람이라면 누구나 달게 따라야 할 말씀

◉ 합격

좁은 문으로 들어가라

✘ 찬송_309, 290장 ✘ 성경_마 7:13-14

이다.

주님께서 이르신 좁은 문은 예수님을 가리킨다. 주님께서는 자기에 대하여 증언하셨다. "내가 곧 길이요 진리요 생명이니 나로 말미암지 않고는 아버지께로 올 자가 없느니라"(요 14:6).

예수님은 모든 죄인들을 구원으로 인도해 주시는 좁은 문이시다. 좁은 문이라는 의미에는 구원에서 제외될 자들이 많을 것이라는 뜻이 들어있다. 당시의 이스라엘 역사는 경건하고 의롭게 산 자들이 극히 소수에 지나지 않은 사실을 갖고 있다. 제자들은 그 문으로 들어가기를 힘써야 한다.

예수님이 좁은 문이라면, 그 문은 언젠가 닫힌다는 의미를 암시한다. 천국에 이르는 문은 지금은 열려 있으나 때가 되면 닫힌다. 생명으로 인도해주는 문이 닫히기 전에 들어가기를 힘써야 한다. 예수님을 따르는 것은 좁은 문을 들어서는 것일 뿐만 아니라, 또한 좁은 길을 걷는 것이다.

예수님을 믿어 구원을 받고, 좁고 길이 협착한 길을 가야 한다. 그 길은 자신을 하나님의 다스리심에 내려놓는 것이다.

◉ 표창-수상

사람에게 보이지 않고

✖ 찬송_305, 310장 ✖ 성경_마 6:16-18

　표창의 영광을 주신 하나님께 감사하면서 행위에 대하여 교훈하시는 주님의 말씀을 듣자. 예수님께서는 금식할 때, 자신의 금식을 사람들에게 나타내지 말도록 하셨다. 금식은 기도의 한 방법이므로, 오직 하나님께만 보이도록 가르치셨다. 은밀한 금식은 하나님의 갚아주심으로 인해서 세상에 드러나게 된다.

　금식은 자신을 부인하고, 자신의 몸과 육체의 정욕을 하나님의 뜻에 복종시키려는 기도의 한 형태이다. 사람이 지나치게 먹고 마시면, 몸은 둔해지고, 감각도 무디어지며, 마음이 나태해진다. 그러므로 금식을 통해서 육체를 다스리게 되는 것이다.

　당시의 유대인들에게 금식은 자신의 영혼에 경계를 하는 덕행이었다. 금식은 자신을 하나님께 내드리는 기도의 한 방식이다. 금식을 함으로써 하나님을 향한 열정을 뜨겁게 하며, 하나님의 은혜에 목마르겠다는 결심을 하도록 도와준다.

　그러므로 금식하는 티를 내지 말고 평상시와 같이 자연스러운 모습을 가져야 한다. 자기 행위는 오직 하나님을 향하여 은밀하게 이루어져야 한다. 만일 자신의 거룩함을 나타내려고, 사람들에게 보이는 행위는 하나님과 무관하다. 오직 하나님께 자신의 결단을 보여 드리도록 해야 한다.

◉ 진급·승진

더러는 좋은 땅에 떨어지매
✱ 찬송_297, 391장 ✱ 성경_마 13:3-9

　진급의 영광을 주신 하나님께 열매를 맺어드리는 종이 되시기를 빈다.
　큰 무리가 모여들자, 예수님께서 배에 올라가 천국에 대한 비유의 말씀으로, 씨를 뿌림에 대하여 가르치셨다.
　－더러는 길 가에 떨어지매 새들이 와서 먹어버렸다.
　－더러는 흙이 얇은 돌밭에 떨어져, 싹이 나오나 해가 돋은 후에 타져서 말라버렸다.
　－더러는 가시떨기 위에 떨어지매 가시가 자라서 기운을 막았다.
　－더러는 좋은 땅에 떨어지매 혹 백 배, 혹 육십 배, 혹 삼십 배의 결실을 하였다.
　이 비유의 가르침에서 씨는 하나님의 말씀이고, 밭은 사람을 가리킨다. 좋은 땅에 뿌려진 경우 외에 나머지는 씨를 뿌림에 열매를 거두지 못하였다. 이것은 세 부류의 사람들이 복음을 듣기는 하였으나 구원에 이르지 못한 것을 교훈함이다.
　구원받은 자들은 인간 편에서 말씀을 기쁨으로 받고 뿌리를 내리며, 세상 염려나 재물의 유혹을 이기며, 하나님의 말씀대로 살아 열매를 많이 맺는다. 하나님의 말씀은 씨앗으로 온 세상에 널리 뿌려지고 있고, 택한 자들의 마음에 심겨져 많은 열매들을 맺는다.

◉ 외국에 유학

부름의 상을 위하여
✱ 찬송_10, 545장 ✱ 성경_빌 3:7-15

하나님께서 내게 길을 주심은 푯대를 향하여 달려가라는 말씀이시다.

바울이 예수님을 주님이라 한 것은 자신을 그리스도에게 굴복시킨다는 의미였다. 그는 하나님을 나의 하나님으로, 예수님을 내 주로 고백했다. 예수님은 모든 믿는 자의 주가 되시는 동시에 바울의 주가 되신다. 그러므로 예수님을 주님으로 영접하는 개인적인 체험이 중요하다.

바울은 내 주 그리스도 예수를 아는 지식이 가장 고상하다고 했다. 예수님에 대하여 주라고 고백하도록 하는 지식은 사람을 고상하게 만든다. 고상한 지식을 가진 사람은 고상한 삶을 추구한다. 과거의 행실을 버리고, 예수님을 믿음으로 의롭다 함을 얻는 데 머무르지 않고 예수님의 고난과 부활의 능력에 동참하게 된다.

누구도 고난을 좋아하지 않지만 바울은 예수님의 고난에 동참하기를 원하였다. 그리고 예수님을 아는 단계에서 점점 성장하여 상 얻는 사람이 되고 싶어 했다. 그는 부르심의 상을 바라보았다. 그리하여 뒤를 돌아보게 하는 바리새인적인 과거의 것이나 주님을 위해 산 귀한 것들이 전진하는 일에 방해가 되지 않기를 원하였다.

외국에 유학의 길을 열어주신 하나님 앞에서 결단하시라.

일터(직장, 사업장) 심방
◉ 일터에서의 근무

한 경기자의 고백

✶ 찬송_27, 308장   ✶ 성경_딤후 4:1-8

"나의 달려갈 길을 마치고 믿음을 지켰으니"라고 하였다. 경기자의 자세로 모든 일을 처리했다는, 달려가는 코스를 끝냈다는 것이다.

인생에는 출발점이 있고, 코스가 있고 종착점이 있다. 6절에, "나의 떠날 기약이 가까웠도다"라고 했다. 바울은 끝이 있는 것을 알고 살았다. 어느 누가 인생은 죽는다는 것을 부정하겠는가? 그러나 끝이 있다는 것을 종종 잊고 사는 데에 문제가 있다. 사람에게는 끝이 있다. 건강해도 언젠가는 병들 것이다.

8절에, "나를 위하여 의의 면류관이 예비 되었으므로 주 곧 의로우신 재판장이 그날에 내게 주실 것이니"라고 했다. 성도는 의로우신 재판장 앞에서 오늘을 살아야 한다. 그렇게 할 때, 달려가는 목표가 분명해진다. 인생의 성공자는 자기 생의 목표를 알고, 그 목표에 일치하는 오늘을 살아간다.

7절에, "내가 선한 싸움을 싸우고 나의 달려갈 길을 마치고 믿음을 지켰으니"라고 했다. 신앙인에게는 하나님이 정해주신 코스가 있다. 우리는 하나님께서 정해주신 코스를 따라가야 한다. 나에게 주신 삶의 길이라 받아들일 줄 아는 수용적 자세가 필요하다. 그것은 내게 필요해서 주시는 코스이기 때문이다.

◉ 사업장의 개업

거지의 죽음, 부자의 죽음

✖ 찬송_15, 389장 ✖ 성경_눅 16:19-24

　우리는 본문에서 두 사람의 죽음을 보게 된다. 두 사람의 죽음에는 가는 곳이 각기 달랐다. 한 사람은 천국으로 갔고, 한 사람은 지옥으로 간 것이다.

　어느 날, 거지가 죽어 천사들에게 받들려 아브라함의 품에 들어갔다. 아브라함의 품은 천국이다. 성도가 죽으면 천사들이 그 영혼을 하나님께로 데려간다. 이 기업을 운영하면서 아브라함의 품을 바라보자.

　부자도 죽어서 장사되었다. 그의 장례식은 아마 매우 거창하고 호화로웠을 것이다. 그러나 그의 미래는 심히 불행하였다. 그는 죽어 지옥에 떨어졌다. 지옥은 악인이 죽은 후에, 그 영혼이 들어가는 장소이다. 부자는 지옥에서 천국에 있는 나사로를 보았다. 부자는 지옥에서 천국의 광경을 보았다. 천국과 지옥 간의 거리는 매우 멀다.

　거지가 있는 천국과 부자가 있는 지옥은 서로 왕래할 수 없는 곳이었지만, 하나님의 특별한 은혜로 부자는 아브라함에게 부탁할 수 있었다. 우리는 아브라함의 품을 사모하고 살아야 한다.

　주님께서는 우리를 지옥으로 가지 않게 하시려고, 이 말씀을 하셨을 것이다. 부자와 같이 자신의 미래를 불행하게 하고 살지 말자.

◉ 직장의 세속문화

예비 된 의의 면류관

✻ 찬송_291, 309장　✻ 성경_딤후 4:6-8

　'전제'는 자신의 몸 전체를 불살라 주님께 제물로 드리는 것을 상징용어이다. 바울은 복음을 전함에 있어서 고난과 죽음을 조금도 두려워하지 않았다. 바울은 나의 달려갈 길을 마쳤다고 하였다. 그의 달려갈 길의 최종점은 순교이다.

　하나님께서는 바울이 순교의 제물로 선한 싸움의 그의 생애의 달려갈 길을 마치도록 은혜를 베푸셨다. 바울을 인도하신 하나님께서 ㅇㅇㅇ님께도 은혜를 베푸셔서 믿음의 선한 싸움을 싸우도록 하신다고 믿는다. 이 기업을 주신 하나님의 의도를 묵상하며 열심히 나아가자.

　바울의 생애는 하나님 앞에 얼마나 값지고 얼마나 보배로운 생애였는가? 그리스도 안에서 그의 달려갈 길을 마치되 전제와 같이 그리스도 앞에 향내 나는 순교의 제물로 드림이 얼마나 영광스러운 삶의 길이었는가? ㅇㅇㅇ님의 삶도 그러하여야 할 것이다.

　바울은 믿음을 지켰다고 하였다. 그는 자신의 전 생애를 믿음을 지키는 일에 전력을 쏟았다. 믿음은 지키는 사람만이 가질 수 있다. 바울은 자기 인생의 종점에 와서 자신 있게 외치기를, 자신을 위하여 의의 면류관이 예비되었다고 하였다. 영광스러운 상급인 의의 면류관을 받기 위하여 바울처럼 살아가기를 다짐하자.

◉ 자영업의 점포

주를 기쁘시게 하는 자

✖ 찬송_27, 303장 ✖ 성경_고후 5:8-10

　바울이 평생 가졌던 소원, 거룩한 소망을 발견하게 된다. 그는 몸으로 있든지 떠나든지 주를 기쁘시게 하고 싶어 하였다. 몸으로 있음은 영혼이 육체 안에 거하는 것 곧 육신의 생명이 연장되는 것이요, 떠나는 것은 영혼이 육체를 떠나는 것 곧 죽음을 의미한다.

　성도는 거하든지 떠나든지 곧 살든지 죽든지 주를 기쁘시게 해야 한다. 우리는 여호와 앞에서 온전한 성도가 될 것을 각오해야 한다. 예수님의 십자가 구속의 은혜로 구원을 받았음이 얼마나 감사한가! 영원한 생명을 얻었음에 대한 감사 때문에 주님을 기쁘시게 해드리기를 사모해야 한다.

　이에, 언제나 기도의 제목은 '어떻게 사는 것이 주를 기쁘시게 하는 것인가'라는 간구여야 할 것이다. 바울의 소원을 자신의 소망으로 삼아 하나님을 기쁘시게 해드리기를 소원하자. 지금, 내게 주신 일터에서의 삶이 하나님 앞에서 응답이 되는 한 날이기를 소망해야 한다.

　오늘, 하나님의 뜻대로, 성경 진리대로 살아가려는 다짐을 해야 한다. 모든 성도는 다 반드시 그리스도의 심판대 앞에 설 것이다. 온 인류의 심판자가 되시는 주님으로부터 칭찬을 받는 자녀들과 가족이 되기 바란다.

◉ 회사의 경영

하나님께서 맡기신 기업

✱ 찬송_19, 446장　✱ 성경_시 63:1-4

　이 기업을 하나님께서 ○○○님께 맡겨주셨다. 이 기업의 원소유주는 하나님이시고, 여기에서 운영하라고 ○○○님께 위탁해주셨다. 매일 매일 기업의 운영에 열심을 기울여야 하지만 하나님을 주목하는 것을 놓쳐서는 안 될 것이다.

　다윗은 하나님을 자기의 목자로 의지하면서 일생을 보내었다. 그는 압살롬의 군대에 의해 회복할 수 없어 보일 정도로 크게 패배했었다. 그의 대적들은 단숨에 다윗을 몰아 붙여 그를 전멸시키려고 했지만 다윗은 절망하지 않고, 하나님만 바라보았다.

　다윗은 자기를 대신해서 일하시는 하나님의 손을 바라보았다. 다윗은 스스로 일어나 대적을 치려하려 하지 않았다. 모든 것을 하나님께 맡기고 하나님을 기다리기로 했던 것이다. 이 상황에서 그를 구원할 수 있는 분은 오직 하나님 한 분밖에 없다고 믿었기 때문이다.

　"내 영혼이 주를 갈망하며." 오늘, ○○○님께서 고백해야 될 말씀이다. 다윗의 하나님은 오늘, 우리에게 어떤 어려움에서도 하나님만을 바라보고 의지하는 은혜를 주신다.

　우리는 다윗과 같이, 오직 하나님만이 피할 바위이심을 믿고, 하나님께 맡겨야 한다. 이 기업을 운영하시는 하나님을 잠잠히 바라보는 신앙인이 되자.

◉ 사업장의 확장

지역을 넓히시는 하나님
✖ 찬송_30, 405장 ✖ 성경_대상 4:9-10

하나님께서는 그의 백성에게 여호와의 도우심을 바라게 하신다. 야베스도 자신이 복된 인생이 되기를 소망하면서 복을 구했다.

야베스는 자신의 지역을 넓혀달라고 간구하였다. '지역'이란 단순히 살아가는 땅이라기보다는 한 사람이 일을 하며 살아갈 수 있는 환경이다. 지역은 사람이 자신의 꿈을 성취하며 살아갈 수 있는 여건이다.

하나님께서는 그에게 지역을 넓혀 주시기를 원하셨다. 지역을 넓혀주시는 하나님이시다. 그는 하나님의 도우심을 바라면서 주의 손으로 도와달라고 간구하였다. 야베스를 향하신 하나님의 의도는 그가 하나님의 도우심을 구할 때, 응답해 주시고, 그 도움으로 살아가기를 바라신 것이다.

하나님의 손은 하나님의 임재와 능력을 말한다. 하나님은 '지금, 여기에서' 나를 도우시기를 기다리고 계신다.

이어서 구하기를, 환난을 벗어나 근심이 없게 해달라고 간구하였다. 하나님이 주시는 복된 삶을 유지하기 위한 애원과 사탄의 유혹에서 나를 보호해 달라는 간구다.

고난 가운데 넘어진 사람보다 성공 후에 넘어진 사람이 더 많으니, 받은 복을 잘 유지할 수 있도록 늘 깨어 기도해야 한다. 사업장을 주신 하나님께서 꿈을 주시는 대로 간구하자.

◉ 경영이 어려워짐

시온의 대로가 있는 자
✖ 찬송_12, 371장 ✖ 성경_시 84:4-7

　시온을 향해 가는 사람들은 여러 가지 어려운 길을 통과해야만 한다. 그러나 하나님은 그들의 길을 지켜주셔서 그 어려움을 축복의 기회로 바꾸어 주신다. 시온으로 가는 길은 때로 물도 없고, 위험이 계속되는 사막과 같은 길을 통과해야만 한다.

　하나님은 순례자들이 눈물의 골짜기를 통행할 때에, 그 곳을 샘이 솟아나는 오아시스가 되게 만들어 주신다. 하나님께서는 시온을 향해 가는 ○○○님을 위해 모든 역경을 극복하게 해주신다. 자녀들을 키우며, 여호와 앞에서 역경을 복의 장소로 만들어 주신다.

　하나님께서는 순례자들이 눈물의 골짜기를 지날 때, 이른 비를 내려 주신다고 하셨다. 이른 비는 그들에게 눈물의 골짜기를 복으로 덮어 주게 된다. 자기 백성을 지켜주시는 하나님의 복을 약속하셨다.

　하나님의 성전을 향해 가는 자들에게 역경과 재난을 덮어 축복으로 바꾸어 주신다. 일반적으로 여행하는 사람들은 길을 가면 갈수록 지치게 마련이다. 그러나 하나님의 성전을 향해 가는 순례자들은 하나님의 축복으로 인해 시온에 가까이 가면 갈수록 점점 더 힘을 얻게 될 것이다. 그들은 마침내 시온에 있는 하나님 성전에 이르게 될 것이다.

격려 심방
◉ 소망이 좌절됨

항상 주의 일에 더욱 힘쓰라

찬송_24, 398장 성경_고전 15:55-58

우리는 이 땅에서 지내는 동안에, 주 안에서 자신의 수고가 헛되지 않는 삶을 살겠다고 소망해야 한다. 천국의 백성으로서 마땅히 하나님의 영광만을 사모하고, 교회를 통해서 하나님의 일에 더욱 힘써야 한다.

그러므로 견고하며 흔들리지 말아야 한다. 견고한 것은 하나님과 그의 약속을 믿고 확신하는 것을 말하며, 흔들리는 것은 그를 의심하고 불신앙하는 것을 말한다. 우리의 믿음과 소망이 성경 말씀에 근거하여 견고하며 흔들리지 않아야 하겠다.

나아가 항상 주의 일에 더욱 힘쓰는 자들이 되어야 한다. 주의 일은 예수님을 믿는 일이다. 주의 일은 복음을 전하는 것이다. 주의 일은 참된 교회를 세우는 일이다. 세상의 분주한 삶 속에서도 주의 일을 위하여 힘쓰는 것이 하나님의 원하시는 바요, 가치 있는 삶이다.

주님의 일을 위해 기도하고 시간과 몸과 물질과 재능을 풍성히 드려야 한다. 그리하여 하나님의 은혜가 우리 가문에 넘치도록 해야 한다. 우리는 주의 일에 풍성히 참여함으로써 영혼의 구원과 양육의 좋은 열매를 많이 맺어야 한다. 그리하여 하나님께서 우리들의 수고와 봉사를 기억하시고 상 주실 때, 우리 모두 받는 기쁨을 누리도록 하자.

⊙ 자기 질병에 걸림

주시는 이, 거두시는 이

✖ 찬송_39, 297장　✖ 성경_욥 1:20-22

　사람들은 인생에 대하여 말할 때, 흔히 '공수래공수거(空手來空手去)'라 한다. 그런데 본문을 보니, 그 진리는 성경에서 나온 것이다. 우리가 지금 읽은 대로 욥은 자신이 출생할 때 아무것도 가지지 않은 것처럼 죽을 때 역시 아무런 소유물도 가져갈 수 없다고 하였다.

　욥의 생애를 겉으로만 보면 아무런 까닭이 없이 고난을 당하는 삶이었다. 그러나 그는 그 고난에서 하나님의 섭리에 대한 고백을 하였다. 욥은 자신에게 닥친 재앙을 단순한 자연 현상이나 우연의 결과로 보지 않았다. 또한 종들의 부주의로 인한 인재로도 보지 않았다.

　그는 자신에게 주어진 재앙의 궁극적인 이유가 하나님께 있음을 인식하였다. 그래서 주신 이도 여호와시요 거두신 이도 여호와시라는 고백을 한 것이다. 자신에게 축복을 주신 자와 그것을 거두어 가는 자, 곧 불의의 재난을 주시는 자가 동일한 하나님임을 깨달았다.

　욥은 자신에게 임한 일련의 재앙 속에 역사하시는 하나님의 손길을 깨닫고 고백하였다. 하나님께서 그에게 물질적 복을 주셨던 것처럼 그분은 그것을 빼앗아 갈 권능도 갖고 계심을 고백하였다. 우리도 생명의 주인이 되시는 하나님의 주권을 인정해 드리기를 소원한다.

◉ 억울한 일을 당함

항상 주와 함께 있으리라

✖ 찬송_36, 426장 ✖ 성경_살전 4:13-18

본문에서 우리는 주께서 다시 오실 때, 죽은 성도들은 부활하고 살아있던 성도들은 변화될 것이라는 진리를 깨닫게 된다. 몸의 부활은 성경의 기본 진리이다. 우리는 몸이 다시 사는 것을 믿는다.

우리는 앞서 간 성도들의 죽음을 슬퍼하지 말아야 한다. 오히려 믿음을 지키고, 승리한 삶에 대하여 경의를 표해야 할 것이다. 그러면서 우리 자신의 죽음도 두려워하지 말아야 한다.

우리는 지금 당하는 어려움에 분노하지 말고, 천국에 있을 나의 집을 바라보아야 한다. 까닭이 없이 어려움을 당해도, 하나님께는 까닭이 있으시다. 그러므로 죽음 앞에서도 소망을 가지고 서로 위로하며 하나님의 은혜 안에서 기쁨을 가져야 한다.

새 하늘과 새 땅이 열리게 되면, 주님께서 다시 오신다. 그날, 주님은 친히 성도들과 함께 계실 것이고 다시는 우리를 떠나가지 않으실 것이다. 그러므로 언제 호령과 천사장의 소리와 하나님의 나팔 소리가 들릴지 기다리며 사모하자.

이 땅에서 잠시 어려움을 당해도, 하나님께서는 천국에 더 좋은 집을 예비해놓고 계신다. 재림의 주님, 영광의 주님과 함께 거하는 곳은 아무 부족이 없는 기쁨과 평강이 넘치는 곳이 될 것이다.

◉ 모함에 빠짐

거룩함에 흠이 없게
✱ 찬송_34, 424장 ✱ 성경_살전 3:11-13

　성경이 가르쳐 주는 대로, 우리는 예수님의 재림을 믿는다. 주님께서 다시 오실 때, 주님께서는 그의 모든 성도들과 함께 오신다.
　본문에서 바울은 주께서 데살로니가 교인들의 마음을 굳세게 해 주시기를 간구하였다. 주님의 재림을 기다리는 자들은 마음을 굳게 해야 한다. 만일, 우리의 마음이 연약해지면 사탄이 참소하여 우리를 더럽힘으로 내던지게 할 수 있고, 다른 교훈을 받아 타락하게도 한다.
　마음이 연약하면 범죄하기 쉽다. 그러나 마음이 굳세면 죄를 이기고 의를 행하게 된다. 그러므로 주께서 우리의 마음을 굳세게 해주시는 것이 필요하다.
　주님께서 데살로니가 교회 성도들의 마음을 굳세게 하셔서 주의 재림 때 하나님 아버지 앞에서 거룩함에 흠이 없게 하시기를 기원했던 간구는 오늘, 우리의 것이 되어야 한다. 주님의 재림 때, 영광스러운 부활의 몸을 입어야 하기 때문이다. 주님께서 다시 오셨을 때, 지상에서의 우리의 행위들에 대한 책망을 받지 말아야 한다.
　우리는 그리스도의 심판대 앞에 드러나 각각 선악 간에 행한 것을 따라 받는다. 예수님의 재림 때 우리는 하나님 우리 아버지 앞에서 거룩함에 흠이 없게 되시기를 축복한다.

◉ 가정에 위기

모든 것에 족한 줄로
✖ 찬송_32, 422장　✖ 성경_딤전 6:6-10

　성도는 출생시 빈손으로 이 세상에 오고, 별세시에 역시 분명히 빈손으로 이 세상을 떠난다. 조금 더 가지고 조금 덜 가진 것이 무슨 큰 문제가 되겠는가?

　넓은 집, 좋은 집에서 지내다가 좁은 집으로 옮기게 되었기 때문에 마음이 상할 수도 있다. 그리고 '왜 이렇게 이사를 해야만 하는가.'라고 하면서 자신에 대하여 실망하거나 화를 낼 수도 있을 것이다.

　그렇지만 생각을 해보자. 이 세상은 우리에게 영원하지 못하다. 우리에게는 하나님의 자녀로서 영원한 세계가 약속되어 있기 때문에 이 세상의 것들은 쓸모가 없다.

　가령, 여기에서 명예와 영광을 누렸다 해도 새 하늘과 새 땅에서의 삶에 비교될 수 없는 것이다. 어찌 육의 것을 하늘의 신령한 것에 비교할 수 있으랴!

　오늘, 하나님 아버지께서 자기 백성을 먹이시고 입히실 것을 바라보면서 아무 것도 염려하지 말고 오직 현실생활에 성실하면서 자족하는 생활, 하나님께 감사하며 만족하는 생활을 해야 한다. 그것이 성도다운 생활이다.

　성도의 생활은 경건하며 자족하는 생활로 요약된다. 하나님께서는 우리가 가정에서의 생활을 통해서 경건의 능력을 갖추기를 원하신다.

◉ 생업에 대한 불안

은혜를 베풀고 꾸어 준 결말

✽ 찬송_30, 429장 ✽ 성경_시 37:23-28

　본문은 의인을 보호하시는 하나님의 자비하심에 대한 말씀이다. 다윗은 자신이 어려서부터 노인이 된 지금까지 의롭게 사는 자가 아주 버림을 받고, 그의 후손이 한 조각 빵을 얻기 위해 구걸하는 것을 보지 못했다고 하였다.

　하나님께서 자기 백성을 돌보시는 은혜는 이 가정에도 동일했다. 이 가정의 식구들도 구걸하지 않고, 지내오셨다.

　우리가 사는 세상에는 아주 잠깐이지만 의로운 자가 일시적으로 버림을 받고, 그 후손이 가난하게 되는 경우가 있기는 하다. 그 순간에 왜 의인에게 고통이 따르는가 하는 낙심이 생기고, 하나님의 공의에 대해 의심을 하게도 된다.

　그러나 세월이 더 흐른 후에 보면 결국은 의인이 승리하고, 그 후손이 축복을 받게 된다. 본문에서 다윗은 의롭게 산 자가 온 종일 은혜를 베풀어주고 또 꾸어주었다고 말한다. 그리고 이로 인해 그의 자손들은 복을 받게 된다고 선언한다.

　의인과 악인의 후손을 조사해 보면, 실제로 하나님께서 의인의 후손들에게 복을 주심으로써 본문의 말씀이 사실이라는 것이 즉시 드러난다.

　그러므로 우리가 잘 되기를 원한다면 살아 있는 동안에 선을 많이 행해야 한다. 은혜를 베풀고 꾸어 주는 가족들, 함께 예배하는 성도들이 되시기를 축원한다.

◉ 자녀의 진학 실패

밤에 노래를 주시는 자

✖ 찬송_80, 418장 ✖ 성경_욥기 35:9-13

　하나님께서는 엘리후에게 밤에 노래를 주셨다. 그는 욥에게 말하기를, "나를 지으신 하나님 곧 사람으로 밤중에 노래하게 하시며"라고 한 것이다.

　사람이 내 인생의 밤에 하나님을 찬송할 수만 있다면 아름답다고 할 수 있다. 갑자기 실패와 절망의 일들이 몰려오는, 인생의 밤에 하나님께서는 찬송을 주신다.

　하나님께서는 각 사람에 대해서 창조의 목적을 이루시려고 밤을 주신다. 그렇지만 사람들은 누구나 실패와 좌절의 밤을 싫어한다. 그런데 고통스럽기만 한 밤에 하나님의 뜻이 이루어진다. 꽃이 아침에 이슬을 머금고 아름다운 꽃봉오리를 피게 하기 위해서는 반드시 밤을 통과해야 한다. 사람도 밤을 지나고 나면 열매를 맺는다.

　하나님께서는 밤만 주시는 것이 아니라 밤에 노래를 시키신다. 캄캄한 밤중에 부르는 노래는 눈물 없이는 부를 수 없다. 처절한 고통 때문에 흐르는 눈물로 부르는 찬송은 애통의 노래를 가리킨다. 두 손을 들고, 하나님을 의지하는 영혼의 찬송은 곧 기도이다. 이 찬송에 하나님은 응답하시고, 아침을 맞게 하신다. 실패와 절망의 시간에는 불평하기가 쉽다. 그런데 이 시간을 하나님은 기다리신다. 어려움에서 찬송을 부르는 은혜를 입자.

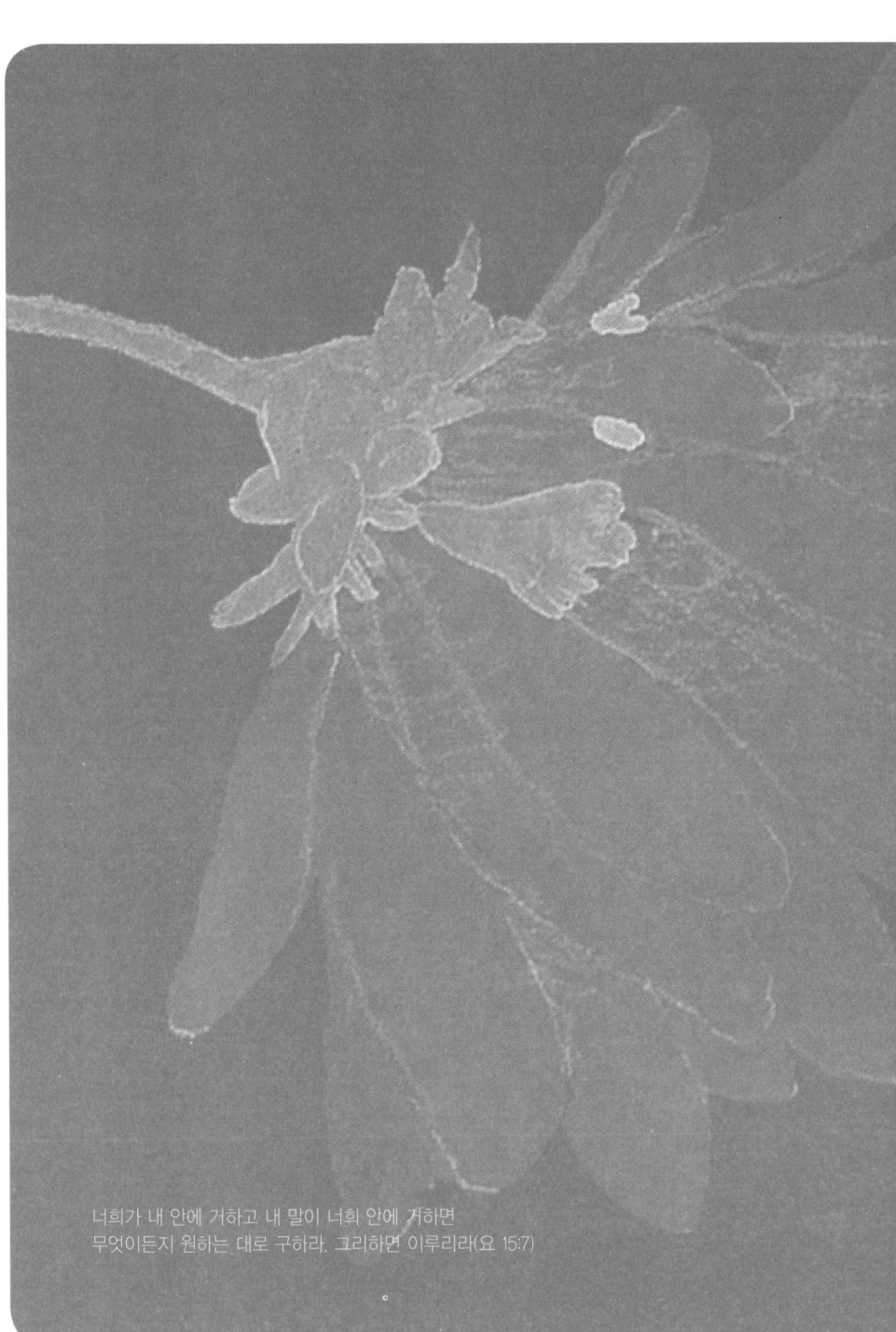

너희가 내 안에 거하고 내 말이 너희 안에 거하면
무엇이든지 원하는 대로 구하라. 그리하면 이루리라(요 15:7)

3. 양육 심방

복음의 선포 심방 / 166

예수님의 능력/ 회개에 대한 보상/ 은혜를 구함/ 충성을 즐거워함/ 찬양을 드림/ 재림대망/ 배신을 주의함/ 주님을 따름/ 주님과의 연합/ 하나님의 보호/ 구원에의 확신/ 부활의 신앙/ 믿음 있는 자

훈련 심방 / 192

고난을 견딤/ 도전하는 삶/ 우상숭배의 거절/ 기도의 계속/ 자기를 세움/ 하나님께 드려짐/ 완전함에 이름/ 상한 심령/ 이웃 사랑/ 그리스도의 평강/ 죄인을 멀리함/ 목회자를 섬김

도전 심방 / 216

브리스길라와 아굴라/ 세례자 요한/ 사도 요한/ 백부장/ 고넬료/ 누가/ 니고데모/ 다비다/ 루디아/ 마가 요한/ 마르다/ 동정녀 마리아/ 베다니의 마리아/ 바나바/ 바디매오/ 바울/ 베드로/ 빌립/ 삭개오/ 살로메/ 수로보니게 여인/ 스데반/ 안나/ 사도 야고보

결단 심방 / 264

은혜를 사모함/ 부지런함/ 사랑의 대가/ 성경애독/ 성전 중심의 삶/ 시온주의 신앙/ 죄를 애통해함/ 고난을 기회로/ 찬국에 마음을 둠/ 천국일꾼/ 하나님의 응답/ 변화-성화

복음의 선포 심방
◉ 예수님의 능력

달리다굼-소녀야 일어나라

✱ 찬송_28, 427장 ✱ 성경_막 5:35-43

　예수님께서 회당장의 딸을 살려 주시려고 그의 집으로 가는 도중에, 그의 딸이 죽었다는 전갈을 받았다. 이에, 그에게 딸이 죽었으니, 주님을 귀찮게 하지 말라고 하자, 회당장은 낙심할 수밖에 없었다.
　주님께서 말씀하셨다. "두려워하지 말고 믿기만 하라."
　왜 두려워하지 말고 믿기만 해야 하는가? 예수님께서 그 딸을 고쳐주시기를 원하셨기 때문이다. 주님은 병든 자를 고치실 수 있고 죽은 자라도 살리실 수 있으시다. 예수님은 회당장의 집에 도착하여, 우는 사람들을 헤치고, 소녀가 죽은 것이 아니고 잔다고 하시면서 죽은 소녀에게로 가셨다.
　"달리다굼!"
　주님께서는 소녀의 손을 잡으시고, 일어나라고 외치셨다. 주님의 말씀에는 하나님의 능력이 있다. 말씀의 능력으로 소녀가 일어나 걷게 되었다. 모두가 죽었다고 떠들던 자리에서, 소녀는 마치 잠에서 깨어난 듯이 일어나 걸은 것이다.
　죽은 딸이 살아나자, 회당장과 그의 가족은 놀라워하였다. 소녀가 잔다고 하셨을 때, 예수님을 비웃던 사람들도 놀라기는 마찬가지였다. 예수님께서는 자신이 갖고 계신 생명을 살리는 능력으로 야이로의 딸을 살려 주셨다. 주님의 능력에 나의 소망이 있음을 사모하자.

◉ 회개에 대한 보상

제일 좋은 옷을 내어다가

✱ 찬송_24, 421장 ✱ 성경_눅 15:11-24

아버지를 재촉하여 그의 재산을 미리 상속받은 둘째 아들이, 먼 나라에서 허랑방탕한 생활을 하며 재산을 허비하였다.

그가 재산을 다 낭비한 후에 그 나라에 큰 흉년이 들었고, 그는 궁핍해져서 돼지 치는 일을 하게 되었으나, 그에게 돼지 먹이인 쥐엄 열매로 허기진 배를 채우도록 그것조차도 주는 자가 없었다.

방탕했던 그 아들은 궁핍 속에서 자신의 행동에 대하여 깨달았다. 그는 아버지 집의 부요함을 기억하면서, 이대로 살면 굶어 죽을 수밖에 없으니 아버지께 돌아가겠다고 다짐하였다. 그리고 자신이 하늘과 아버지께 죄를 지었음을 깨닫고, 아버지의 일꾼의 하나로 여겨 달라고 말하겠다고 생각하였다.

그 아들은 일어나 아버지께로 돌아갔다. 그가 집으로 돌아오는데, 아버지는 멀리서 그를 보고, 달려가서 그 목을 안고 입을 맞추었다. 그것은 아버지의 사랑의 정도를 나타낸다.

아버지는 아들에게 제일 좋은 옷을 입혔고, 손에 반지를 끼어 주었고, 발에 신을 신기고, 살진 송아지를 잡게 하여 잔치를 베풀어 먹고 즐거워하였다. 하나님은 죄인의 회개를 기뻐하신다.

하나님이 없이 지냈던 삶을 회개하여 하나님의 풍성하심을 누리자.

◉ 은혜를 구함

맹인 두 사람이 길 가에 앉았다가

✽ 찬송_19, 418장 ✽ 성경_마 20:29-34

　예수님의 일행이 여리고에서 떠나가실 때, 두 명의 맹인이 주님께서 지나가신다는 말을 듣고, 소리를 질렀다. "주여, 우리를 불쌍히 여기소서, 다윗의 자손이여." 주님을 따르던 무리가 그들에게 조용히 하라고 꾸짖었다. 그들은 이에, 더욱 소리를 질러 자기들을 불쌍히 여겨 달라고 하였다. 하나님의 은총은 구하는 자가 얻게 된다.

　그들은 주위 사람들의 탓에도, 낙심하거나 굽히지 않고 예수님께 도움을 요청하였다. 그들의 부르짖음은 주님의 관심을 끌었다. 예수님께서 그들을 부르셨다. 맹인들의 요청은 '구하라, 찾으라, 두드리라'의 기도 원리를 보여주었다.

　하나님의 나라에서는 구하는 자가 하나님의 긍휼과 은혜를 얻는다. 예수님께서 물으셨다. "너희에게 무엇을 하여주기를 원하느냐." 그들은 즉시, "주여 우리 눈뜨기를 원하나이다."라고 요청하였다.

　주님께서는 보기를 원하는 그들을 민망히 여기시고, 두 사람의 눈을 만져 주셨다. 예수님은 인생의 연약함을 불쌍히 여기시고 동정하신다. 그러자 그들이 보게 되었고, 예수님을 따랐다. 두 사람은 자기들을 보게 하신 예수님에게서 결코 떠날 수가 없었다. 오늘, 하나님의 은혜를 묵상하며 주님을 따르는 한 날이기를 원하자.

◉ 충성을 즐거워함

잘하였다 착한 종이여

✖ 찬송_25, 421장 ✖ 성경_눅 19:12-27

　하나님의 나라가 당장에 나타날 것이라고 여기는 제자들에게, 예수님께서 한 이야기를 들려주셨다. 어떤 귀인이 자기의 종들에게 각각 므나를 맡기고, 왕위를 받아가지고 오는 것에 관한 이야기였다.
　귀인은 집을 떠나기 전에, 열 명의 종들을 불러, 각자에게 한 므나씩을 맡겼다. "내가 돌아오기까지 장사하라." 귀인은 왕위를 받아가지고 돌아와서, 종들의 각각 어떻게 장사한 것을 알고자 하였다.
　첫째 종은 한 므나로 열 므나를 남겼다. 이에, 귀인은 그를 칭찬하며 열 고을 권세를 차지하라고 하였다. 둘째 종은 다섯 므나를 남겼는데, 그도 칭찬과 함께 다섯 고을을 차지하는 권세를 얻었다. 셋째 종은 귀인이 맡겼던 한 므나를 수건에 싸두었다가 도로 내놓았다.
　이에 귀인은 화를 내며, 한 므나를 빼앗아 열 므나를 가진 종에게 주었다, "내가 너희에게 말하노니 무릇 있는 자는 받겠고 없는 자는 그 있는 것도 빼앗기리라"(26).
　우리를 깨닫게 하시는 말씀이 있다.
　-예수님께서는 장차 왕위를 가지고 다시 오신다.
　-주님의 일을 맡은 일꾼들은 작은 일에도 충성해야 한다.
　주님을 위해 수고를 해도 무익한 종이라 여겨야 한다.

◉ 찬양을 드림

호산나 다윗의 자손이여

 찬송_28, 417장 ✽ 성경_마 21:8-11

나귀 새끼를 타신 예수님께서 예루살렘 성으로 들어가실 때, 많은 이들이 주님을 기뻐하였다. 그들 대부분은 자기들의 겉옷을 벗어, 예수님의 길을 만들었다. 무리가 겉옷을 길에 펼치는 것은 왕에 대한 백성의 존경심을 표현하는 행위이다.

어떤 이들은 나무 가지를 베어 길에 펴기도 하였다. 그들은 하나님의 아들이 예루살렘에 들어오심을 즐겁게 환영하였다. 무리들의 대부분은 예수님을 유대인의 왕으로 여기며 기뻐하였다. 그때, 누구의 입에서 시작되었는지 모르나, 주님을 찬송하는 소리가 터져 나왔다.

그들은 예수님의 앞에서 가고, 뒤에서 따르면서, 하나님의 아들에게 영광을 드리는 찬송의 소리를 질렀다.

-호산나 다윗의 자손이여, 찬송하리로다.

-주의 이름으로 오시는 이여, 가장 높은 곳에서 호산나

예수님께서 예루살렘 성에 들어가시니, 온 성에 소동이 난 것은 자연스러웠다. '이제 구원하소서'라는 뜻의 호산나 찬송을 받으시는 예수님으로 말미암아 사람은 그가 누구냐고 물었다. 주님을 찬송하는 이들이 대답하였다. "갈릴리 나사렛에서 나온 선지자 예수라."

오늘, 나의 하루는 주님을 찬양하는 시간으로 채워져야 할 것이다.

◉ 재림 대망

너희를 위하여 예비 된 나라를

✽ 찬송_40, 415장 ✽ 성경_마 25:31-46

예수님께서는 자신의 재림을 묘사하시면서 모든 천사와 함께 올 때에 자기 영광의 보좌에 앉으신다고 하셨다.

주님께서는 영광의 왕으로 이 땅에 다시 오신다. "모든 민족을 그 앞에 모으고 각각 구분하기를 목자가 양과 염소를 구분하는 것 같이 하여 양은 그 오른편에, 염소는 왼편에 두리라"(32-33).

예수님께서는 다시 오실 때, 온 세상을 심판하신다. 양은 구원받은 의인들을, 염소는 멸망을 받을 악인들을 가리킨다. 다시 오시는 주님은 임금이 되셔서, 오른편에 있는 자들에게, 그들을 위하여 예비 된 나라를 상속받게 하신다.

-그들은 주님께서 주리실 때에 먹을 것을 주었다.
-그들은 주님께서 목마르실 때에 마시게 하였다.
-그들은 주님께서 나그네 되셨을 때에 영접하였다.
-그들은 주님께서 벗으셨을 때에 옷을 입혔다.
-그들은 주님께서 병드셨을 때에 돌보았다.
-그들은 주님께서 옥에 갇히셨을 때에 와서 뵈었다.

그러나 왼편에 있는 자들은 저주를 받은 자들이 되어 영영한 불에 들어가게 하신다.

◉ 배신을 주의함

내가 예수를 너희에게 넘겨주리니

✸ 찬송_21, 427장 ✸ 성경_마 26:14-16

　예수님을 믿는다고 할 때, 우리는 철저하게 주님을 따라야 한다. 만일, 그 믿음에 나의 생각이 들어간다면 주님을 배신하게 된다.

　마리아가 예수님께 향유를 부어드릴 때, 가룟 유다는 대제사장들과 같이 있었다. 유다는 예수님을 반역하여, 제사장들과 모의를 하였다. "내가 예수를 너희에게 넘겨주리니 얼마나 주려느냐?" 그들은 유다에게 은 삼십을 주기로 약속하였다.

　가룟 유다는 누구인가? 예수님의 열두 제자 가운데 하나였다. 그는 예수님과 함께 있으면서 그의 거룩하고 선한 인품과 그의 은혜로운 말씀 및 능력의 기적들을 직접 목격하였다. 그리고 주님께로부터 권세를 받아, 복음을 증거하고 각종 이적과 기사를 행하기도 하였다.

　가룟 유다는 돈을 탐내서 3년 동안을 따랐던 주님을 배신하고 원수들에게 넘겨주기로 하였다. 그는 예수님 곁에서 진리를 배웠음에도 불구하고 탐욕에 자기를 내주었다. 그가 탐욕으로 주님을 악인들에게 넘겨준 사실은 예수님께 매우 귀한 향유를 부은 여인의 행위와 얼마나 대조되는 것인지를 교훈해준다.

　가룟 유다는 주님을 제자가 되어 지내는 동안에 하나님의 큰 은혜를 받았음에도 예수님을 배신하는 자가 되었다.

◉ 주님을 따름

자기 백성에게 약속해주시는 복

✖ 찬송_41, 424장 ✖ 성경_요 13;4-15

　예수님은 우리가 주님의 모습을 따라서 살아야 할 표상이시다. 오늘, 주님께서는 우리가 겸손히 서로를 섬기며, 상대방의 허물과 실수와 부족을 덮어주고 용서할 것을 원하신다.

　예수님께서는 제자들과 함께 저녁 식사를 하시면서 제자들의 발을 씻겨 주셨다. 베드로는 주님의 발을 씻겨 주심을 감당하기 어려워서, "내 발을 절대로 씻기지 못하시리이다."라고 말렸다. 주인이 종의 발을 씻길 수 없고, 선생이 제자의 발을 씻길 수 없다는 일반적 생각 때문이었다.

　그의 성화에 주님께서 말씀하셨다. "내가 너를 씻기지 아니하면 네가 나와 상관이 없느니라."

　주님의 발을 씻겨주심에는 상징적인 교훈이 있는데, 예수님으로 말미암는 죄 사함이었다. 주님의 죄 사함이 없다면, 그 누구도 예수님과 상관이 없게 된다.

　그 말씀에 놀란 베드로는 손과 머리도 씻겨 달라고 하였다. 주님께서는 그가 이미 목욕을 하여 발밖에 씻을 필요가 없다고 하셨다.

　목욕이라는 표현은 성령님으로 말미암은 거듭남이다. 제자들의 발을 씻기신 후에, 주님은 당부하셨다. "내가 주와 또는 선생이 되어 너희 발을 씻겼으니 너희도 서로 발을 씻기는 것이 옳으니라."

◉ 주님과의 연합

그가 내 안에, 내가 그 안에

✸ 찬송_39, 310장 ✸ 성경_요 15:1-8

　예수님께서는 제자들에게 자기는 참 포도나무요, 하나님은 농부라고 하셨다. 그러면서 포도나무의 가지를 열매를 맺는 가지와 그렇지 못한 가지로 구분하셨다.

　열매를 맺는 가지는 더 많은 열매를 맺게 하기 위해 가지를 치듯이 하나님께서 깨끗하게 하신다. 하나님의 관심은 가지가 열매를 맺음에 있다.

　주님께서는 제자들에게 주님과의 연합에 대한 말씀을 하셨다. 가지가 열매를 많이 맺기 위해서 포도나무에 붙어있음과 같은 이치의 말씀이셨다. "내 안에 거하라. 나도 너희 안에 거하리라"는 말씀은 한마디로 연합을 가리킨다. 이 연합에서 선한 열매를 맺게 된다.

　"너희가 내 안에 거하고 내 말이 너희 안에 거하면 무엇이든지 원하는 대로 구하라. 그리하면 이루리라."라고 약속해주셨다. 주님과 연합되어 그의 영이 그 속에 계시고 그의 말씀이 그 속에 있는 자들에게는 기도 응답에 대한 약속이 있다.

　제자들을 향한 주님의 관심은 그들이 열매를 많이 맺는 것이었다. 하나님께 영광을 드리게 되고, 자신이 주님의 제자라는 것을 드러내게 된다.

　하나님께서는 우리에게 열매를 요구하신다. 열매를 맺기 위해서 주님 안에 있어야 한다.

◉ 하나님의 보호

아버지의 이름으로 그들을 보전하사

✱ 찬송_29, 307장   ✱ 성경_요 17:9-19

　예수님은 제자들을 위해 기도하시면서, 그들이 하나님에 의해서 주님께 주어진 자들이라 하셨다.

　예수님의 관심은 세상이 아니라 제자들, 곧 그리스도인 공동체에게 있다. 주님께서 그들을 위하여 중보하시는 이유는 제자들이 하나님께 속하기 때문이다.

　"나의 것은 다 아버지의 것이요, 아버지의 것은 나의 것이라."

　제자들은 예수님을 믿고 그를 통하여 생명을 얻었기 때문에 예수님을 영화롭게 하였다. 우리가 주님을 믿으면 예수님께 영광이 되고, 하나님이 영광을 받으신다. 제자들이 하나님과 주님 자신에게 속하고 자신을 영화롭게 하기 때문에 이를 위해서 기도하셨다.

　-그들을 보호해 달라고 간구하셨다.

　-제자들을 말씀으로 거룩하게 해달라고 간구하셨다.

　제자들은 세상으로부터 유리되지 않으나, 그들에게 주어진 사명을 수행하기 위해서는 하나님의 보호하심이 필요하게 된다. 그리고 그들에게 주어진 사명을 감당하기 위해서 거룩해져야 했다.

　제자들은 세상에 속하지 않으나, 세상에 있어야 하는 까닭은 그들에게 선교의 사명을 감당하게 하기 위함이었다.

◉ 구원에의 확신

오늘 네가 나와 함께 낙원에

✶ 찬송_24, 305장 ✶ 성경_눅 23:39-43

　십자가에 달린 강도 한 사람이 무리들과 합세하여 예수님을 모욕하자, 한 편에 달린 강도가 그를 꾸짖었다. 그는 하나님을 두려워하였고, 자신들의 형벌이 합당하다고 인정하였다. "우리는 우리가 행한 일에 상당한 보응을 받는 것이니 이에 당연하다."

　이 사람은 예수님에 대하여서도 바르게 인식하고 있었다. "이 사람이 행한 것은 옳지 않은 것이 없느니라."

　한 편의 강도는 자신의 죄와 예수님에 대한 바른 깨달음과 판단을 갖고 있었다. 이러한 깨달음과 예수님을 아는 지식은 하나님의 은혜이다.

　"예수여 당신의 나라에 임하실 때에 나를 생각하소서."

　이 강도는 비록 십자가에 달렸으나, 예수님께 자기를 맡겼다. 주님을 부르며, 구원을 요청하며, 자신을 의탁하는 것은 곧 믿음이다. 예수님으로 말미암는 구원의 은혜는 십자가에 달려서도 받을 수 있다.

　주님께서 그에게, "내가 진실로 네게 이르노니 오늘 네가 나와 함께 낙원에 있으리라"라고 약속하셨다. 주님께서는 회개하며 그를 믿은 강도에게 낙원에 들어가는 구원을 약속하셨다. 어떠한 죄인이라도 회개하고 믿으면 즉시 구원을 받는다.

　오늘, 구원의 은혜를 받았음에 감사하면서 살아가자.

◉ **부활의 신앙**

그가 누우셨던 곳을 보라

✖ 찬송_36, 433장   ✖ 성경_마 28:5-7

　안식일이 지난 첫 날 새벽에, 여인들이 예수님의 무덤을 찾았을 때, 주님의 시신이 보이지 않았다. 놀라움과 두려움에 무서워하는 여인들에게 천사가 나타났다. 천사는 여인들에게 예수님께서 부활하셨음을 전해 주었다.

　예수님의 부활은 여자들이 무덤에 도착하기 전에 벌써 무덤 속에서 이루어진 일이었다.

　-여기 계시지 않고 그가 말씀하시던 대로 살아나셨느니라.

　-와서 그가 누우셨던 곳을 보라.

　-빨리 가서 그의 제자들에게 이르되 "그가 죽은 자 가운데서 살아나셨고 너희보다 먼저 갈릴리로 가시나니 거기서 너희가 뵈오리라 하라."

　천사가 여인들에게 예수님의 부활하셨음을 일러주면서 한 말은 슬픔에 찬 그들에게 기쁨과 위로와 힘을 주었다. 그러면서 동시에 부활의 증인이 되어야 할 사명을 분부하였다.

　-여인들은 천사에게서 주님의 부활하셨음에 대한 선포를 들었다.

　-여인들은 빈 무덤을 보면서 주님의 부활을 확증하였다.

　-여인들은 주님의 부활하셨음을 전하라는 명령을 받았다.

　여인들은 무서움과 큰 기쁨으로 무덤을 떠나 제자들에게 갔다.

◉ 믿음 있는 자

믿음 없는 자가 되지 말고
✖ 찬송_27, 428장 ✖ 성경_요 20:24-29

　부활하신 예수님께서 제자들이 있는 곳에 오셨다. 그때, 도마는 그 자리에 없어서 살아나신 주님을 뵙지 못하였다. 제자들이 그에게 부활하신 주님을 뵈었다 하자, 그는 헛소리쯤으로 여기고, "내가 그 손의 못자국을 보며 내 손가락을 그 못자국에 넣으며 내 손을 그 옆구리에 넣어 보지 않고는 믿지 아니하겠노라"라고 하였다.
　여드레를 지나, 도마를 비롯해서 제자들이 있는 곳으로 예수님께서 오셨다. "너희에게 평강이 있을지어다."
　주님께서는 제자들을 축복하시고, 도마에게는 "네 손가락을 이리 내밀어 내 손을 보고 네 손을 내밀어 내 옆구리에 넣어 보라. 그리하여 믿음 없는 자가 되지 말고 믿는 자가 되라."(25)고 하셨다.
　도마는 주님을 보고서야, 예수님께서 부활하셨음을 믿게 되었다. 그는 자신의 불신앙을 뉘우치면서 황송스러운 마음으로, "나의 주님이시요 나의 하나님이시니이다"(28)라고 고백하였다
　그러자 주님께서는 온유하신 표정으로, "너는 나를 본 고로 믿느냐? 보지 못하고 믿는 자들은 복되도다."(29)라고 말씀하셨다.
　참된 믿음은 말씀을 듣는 대로 믿는 것이다. 오늘, 우리는 다 같이 믿음 있는 자라고 칭찬 받기를 사모하자.

훈련 심방
◉ 고난을 견딤

하나님의 뜻대로 받는 고난

✱ 찬송_80, 336장　✱ 성경_벧전 4:12-19

　성도는 예수님을 믿는 것 때문에, 또는 주님 안에서 살려하다가 고난을 받게 된다. 본문 13절에, "오히려 너희가 그리스도의 고난에 참여하는 것으로 즐거워하라"라고 하였다. 지금, 당하는 고난으로 인해서 예수님께서 오시는 날에, 즐거워하고 기뻐하게 하려 하신다.

　성도는 이 세상에서 주님의 이름 때문에 어려움을 겪을 수 있다. 그 어려움에 대하여 본문 14절에서 기쁨을 약속해 주셨다. "너희가 그리스도의 이름으로 치욕을 당하면 복 있는 자로다 영광의 영 곧 하나님의 영이 너희 위에 계심이라." 성령님께서 함께 해주신다. 고난에는 하나님의 뜻이 있어서 성령님으로 견디게 하신다.

　어떤 의미에서 주님을 따르는 것은 십자가로 가까이 가는 것이다. 주님께서 십자가를 지시고 우리의 죄를 대신하여 죽으셨기 때문에 그를 섬기는 자들도 자기에게 당한 십자가를 지고 주님을 섬겨야 한다. 본문 19절에서 우리를 가리켜 "하나님의 뜻대로 고난을 받는 자들"이라고 하였다.

　하나님의 뜻을 이루어가는 주님의 고난이 우리의 것이 되어 십자가를 지는 은혜를 누리시기 바란다. 고난을 통해서 하나님의 사람이 되자.

◉ 도전하는 삶

점령을 지체하지 말라

✶ 찬송_64, 346장 ✶ 성경_수 18:1-3

  오늘, 우리를 위로하시는 하나님의 은혜는 약속의 말씀을 따라 도전하는 삶을 살라 하심이다. 도전자에게 응답하시는 하나님이시다.

  이스라엘 백성들에 대한 하나님의 경륜이 있다. 그런데 그들은 자기들을 통해서 이루어지는 하나님의 경륜을 무시하였다. 그것은 가나안 정착을 통한 하나님의 경륜을 이해하지 못했기 때문이다. 하나님께서는 우상숭배와 각종 범죄로 오염된 가나안 땅을 심판하시고 그곳에 하나님의 땅, 당신의 거룩한 나라를 건설하시고자 하셨다.

  이스라엘 백성들은 오랜 기간의 전쟁으로 인해 심신이 피곤함으로 해서 의욕을 상실하였다. 그러나 그 피곤함을 핑계로 주어진 사명을 방관한다는 것은 그들의 하나님에 대한 믿음이 나약해졌다는 증거였다. 믿음이 충만한 사람은 어떠한 위경과 고난에도 견디어 낼 수 있는 힘이 있다. 성령님의 감화로 강해진다. 성령님께 충만하기를 사모하라.

  이스라엘 백성들은 현실에 너무 집착하여 무사안일 해졌다. 현재 진행되고 있는 땅의 분배로 인한 정착생활의 필요성을 깨닫지 못한 것이었다. 전쟁에 나간다는 것은 힘들고, 고달프기에 현실의 풍족한 전리품과 명성에 안주했다. 현실에 안주하면 미래에의 도전을 하지 못한다.

◉ 우상숭배의 거절

하나님이 미워하시는 일
✳ 찬송_33, 274장 ✳ 성경_왕하 17:13-18

　오늘, 우리를 위로하시는 하나님의 은혜는 하나님이 미워하시는 일을 거절하여 복되게 하심이시다. 우상숭배의 유혹을 대적해야 한다.

　이스라엘 백성들은 여호와의 소유가 된 백성이다. 그들은 오직 하나님만 섬기고, 의뢰해야 하였다. 이스라엘의 호세아 왕은 여호와의 말씀을 백성들이 어기도록 하였고, 우상을 숭배하게 하였다. 그리하여 이스라엘의 곳곳에 산당을 세웠고, 산과 나무 아래에는 목상과 아세라상을 세웠다. 산당에서 분향하며 여호와를 격노하게 하였던 것이다.

　그때, 하나님께서는 그들이 우상을 숭배하는 데서 돌이키도록 선지자들을 보내셨다. 또한 선견자들이 가르치도록 하셨다. 그러나 그들은 하나님의 종들의 말을 듣지 않았다. 그들은 고의로 하나님께 대하여 목을 뻣뻣하게 하였다. 본문 15절에 보면, 여호와의 율례와 말씀을 버리고 허망한 우상을 따랐다고 하였다.

　그들은 두 송아지 형상을 부어 만들고 또 아세라 목상을 만들고 하늘의 일월성신에게 경배하는 죄를 지었다. 나아가 여호와 보시기에 악을 행하여 그를 격노하게 했다고 하였다. 그러므로 말씀을 늘 가까이 하고, 우상을 섬기는 행위를 하지 않도록 힘써서 하나님께 합당하기를 결단하자.

◉ **기도의 계속**

기도에 감사함으로

✱ 찬송_23, 361장 ✱ 성경_골 4:2-4

　오늘, 우리를 위로하시는 하나님의 은혜는 기도에 힘쓰는 삶을 살도록 하심이다. 하나님과의 관계를 기도로 유지하고, 기도를 쉬지 말자.

　바울은 골로새 성도들에게 기도를 계속하라고 권면하였다. 그것은 그들이 기도의 사람이 되어야 하였기 때문이다. 우리는 예수님께서 기도의 본을 보여 주신 그대로 기도해야 한다. 기도하지 않아도 될 사람은 오직 예수님 밖에 없으셨는데, 주님만큼 기도를 많이 한 사례는 성경의 기록에 없다.

　사무엘은 기도하기를 쉬는 것은 여호와께 죄를 범하는 것이라고 하였다. 예수님의 공생애는 어떤 면에서 기도의 생애였다. 성도들은 기도하되, 항상 주님과 기도하는 사람이 되어야 한다. 기도를 하면서 하나님 아버지와의 교제를 강화해야 한다. 기도는 성도에게 생명의 줄이며, 입술을 벌려 간구하는 만큼 생명의 삶이 유지된다.

　우리는 기도해야 하는데 낙심은 항상 기도에 힘쓰지 못하게 한다. 그리하여 예수님께서 낙심하지 말고 기도할 것을 교훈하셨다. 낙심은 사탄이 주는 최고의 선물이다. 기도하는 성도는 이 선물을 거절해야 한다. 우리는 당장 기도의 응답이 없을지라도 낙심하지 않고, 하나님께서 가장 좋을 때에 후하게 주실 줄로 믿어 기다려야 한다.

◉ 자기를 세움

열두 제자를 부르사
✽ 찬송_93, 495장 ✽ 성경_막 3:13-819

　오늘, 우리를 위로하시는 하나님의 은혜는 천국의 일꾼을 세우신다는 것이요, 바로 우리가 일꾼이라는 것이다. 부르심에 합당하도록 한다.

　"또 산에 오르사 자기가 원하는 자들을 부르시니 나아온지라"(13)라고 하였다. 예수님께서는 일꾼들을 선택하였다. 주님께서 일꾼을 선택하심은 하나님의 방법이었다. 하나님은 언제나 그 시대와 세상을 위하여 하나님께서 사람들을 선택하시고 부르신다. 선택되었다는 사실에 감격하자.

　"이에 열둘을 세우셨으니 이는 자기와 함께 있게 하시고"(14)라고 하였다. 예수님은 선택하신 일꾼들을 훈련시키셨다. 주님께서 제자들을 함께 있게 하신 것은 가르쳐 주고, 훈련시키기 위함이셨다. 주님께서는 많은 사람들 중에서 선택받은 그들을 훈련시켰다. 그렇게 훈련된 제자들에 의해 교회가 세워졌다. 내가 바로 교회라는 사실에 주목하자.

　"또 보내사 전도도 하며 귀신을 내쫓는 권능도 가지게 하려 하심이러라"(14-15)라고 하였다. 예수님께서는 일꾼들을 파송하였다. 일꾼들을 세우신 목적은 일하기 위해서였다. 하나님 나라의 일에는 많은 사람이 필요하지 않다. 잘 훈련된, 그리고 헌신적인 사람 몇 사람만 있으면 세상을 변화시킬 수 있는 것이다. 나의 일꾼 됨에 집중하자.

◉ 하나님께 드려짐

받으실 만한 것이니
✖ 찬송_90, 221장 ✖ 성경_딤전 2:1-7

　오늘, 우리를 위로하시는 하나님의 은혜는 우리 모두에게 하나님께서 받으실 만하게 살게 하심이다. 하나님 앞에서 살아가자.
　성도의 행위가 하나님께서 받으실 만하려면 기도해야 한다. 본문 1절에서, "그러므로 내가 첫째로 권하노니 모든 사람을 위하여 간구와 기도와 도고와 감사를 하되"라고 하였다. 바울이 디모데에게 첫째로 권하는 일이 모든 사람을 위한 기도라는 것이다. 성도는 한 지체가 되어있는 이들을 위해서 간절한 마음으로 기도해야 한다.
　우리는 임금들과 높은 지위에 있는 사람을 위하여 간구해야 한다. 이는 임금과 높은 위치의 정치인들을 위하여 기도하라는 것이다. 우리는 나라와 민족을 위하여서도 마음을 바쳐서 기도해야 한다. 이 기도에, 하나님께서 모든 경건과 단정함으로 고요하고 평안한 생활을 하게 해주신다.
　성도의 행위가 하나님께서 받으실 만하려면 하나님의 뜻이 이루어지도록 도모해야 한다. 그러면 우리가 도모해야 될 하나님의 뜻이 무엇일까? 본문 4절에서, "하나님은 모든 사람이 구원을 받으며 진리를 아는 데에 이르기를 원하시느니라"라고 하였다. 하나님께서 구원하시기로 작정된 자들이 구원을 얻도록 협력해야 한다.

◉ 완전함에 이름

당대에 완전한 자라
✖ 찬송_22, 545장 ✖ 성경_창 6:5-12

　오늘, 우리를 위로하시는 하나님의 은혜는 당대에 완전한 자로 살았던 노아의 삶을 묵상하게 하심이다. 하나님과 동행하라고 하신다.

　여호와께서 사람의 죄악이 세상에 가득함과 그의 마음으로 생각하는 모든 계획이 항상 악할 뿐임을 보시고 사람 지으셨음을 한탄하시고, 마음에 근심하셨다고 하였다(5-6). 하나님께서는 우리를 존귀한 사람으로 지으셨음에도 불구하고, 사람이 여호와 앞에서 선을 행하지 않아 죄로 떨어지고, 세상을 죄의 소굴로 만들었던 것이다.

　하나님께서는 죄로 오염된 세상을 그대로 내버려 두실 수 없으셨다. 그것은 하나님께서 죄와 죄인들을 용납하실 수가 없으셨기 때문이다. 사람을 지으시고, 하나님의 영광을 드러내려 하셨는데, 사람이 오히려 여호와께 한탄의 대상이 되고, 근심의 대상이 되었다. 이에, 하나님께서는 세상을 쓸어버리려 하신 것이다.

　노아는 여호와께 은혜를 입었다고 하였다. 노아는 최악의 시대에 최선의 삶을 살았던 사람임을 알 수 있다. 이것을 보면, 우리가 의롭게 사는 것도 여호와의 은혜이다. 하나님은 우리를 사용하려 하신다. 오늘, 우리는 노아의 삶을 흠모하면서 이 은혜가 나에게 있기를 시모하자.

◉ 상한 심령

너희 하나님 여호와께로

✘ 찬송_36, 420장 ✘ 성경_욜 2:12-14

오늘, 우리를 위로하시는 하나님의 은혜는 자신을 돌이켜 회개하며, 예배 중심의 삶에 대한 말씀이다. 자신을 늘 살펴서 회개에 민감하자.

하나님께서는 복을 주시려고 돌아오라고 하셨다. 하나님께 돌아간다는 것은 하나님을 멀리하고, 우상을 숭배했던 죄에서 돌아선다는 것이다. 자신의 생각에 따라 살던 삶의 태도를 버린다는 것이다. 하나님을 하나님으로 섬기지 않던 죄를 버리시기 바란다. 우리가 살 길은 이미 하나님께서 예비해 놓으셨다.

우리가 돌아가면, 하나님은 은혜로우시며 자비로우시고 노하기를 더디 하시는 손을 내밀어 주신다. 그래서 마음을 찢는 회개를 하라고 말씀하셨다.

그러므로 하나님께로 생각을 돌이켜서, 회개하는 마음으로, 나의 마음을 깨우치는 마음으로 은혜를 사모해야 한다. 회개하고 하나님께서 약속해 주신 복을 기다리면 복이 임한다.

여호와께 소제를 드리고, 전제를 드리는 것은 은혜의 특권이다. 하나님의 전에 봉헌하지 않는 손길을 하나님께서는 벌레를 먹게 하신다. 하나님께 예물을 드림은 아무나 할 수 있는 것이 아니다. 자녀로 선택을 받은 만이 예물을 드린다. 즐겨 예물을 드려 복을 받으시기 바란다.

◉ 이웃 사랑

너희 원수를 사랑하며

�֍ 찬송_28, 327장 ✶ 성경_마 5:43–48

　예수님께서는 "또 네 이웃을 사랑하고 네 원수를 미워하라 하였다는 것을 너희가 들었으나"라고 하셨다. 이 이웃은 자기들의 동족이고, 원수는 이방인들을 가리켰다. 주님께서는 사람들이 무시하는 이방인들을 사랑하셨다.

　본문 44절을 보자. "나는 너희에게 이르노니 너희 원수를 사랑하며 너희를 박해하는 자를 위하여 기도하라." 당시의 이스라엘 백성들은 이방인들을 경원시 하였는데, 주님은 원수에 대한 새로운 접근 방법을 제시하셨다. 그것은 원수가 미움의 대상이 아니라 사랑의 대상이며, 저주의 대상이 아니라 기도의 대상이라는 것이다.

　예수님께서는 "그러므로 하늘에 계신 너희 아버지의 온전하심과 같이 너희도 온전하라"(48)고 말씀하셨다. 원수를 사랑하는 것은 사랑의 극치이다. 원수를 사랑하는 자는 모든 사람을 사랑할 수 있다. 예수님께서는 자신을 십자가에 못 박은 사람들의 죄를 사해 달라고 기도하심으로써 원수를 사랑함에 본을 보여 주셨다.

　주님께서는 자신의 원수까지 사랑으로 대하셨다. 혹시 나에게 원수가 있다면 사랑함으로써 온전함을 이루시기를 축복한다.

◉ 그리스도의 평강

평강과 감사의 사람

✽ 찬송_24, 428장 ✽ 성경_골 3:12–17

　본문에서 12절을 보니, 성도의 삶에서 나타나야 하는 선한 행실에 대하여 옷을 입으라고 하였다. 하나님의 사람은 죄로 죽었던 행실을 벗고, 새 것을 입어야 한다. 그것은 버릴 것은 버리고, 취할 것을 취하라는 것이다. 여기에서 새 옷을 입음은 새로운 성품을 가지게 된다는 것이다. 곧 긍휼, 자비, 겸손, 온유, 오래 참음, 용서와 사랑의 띠이다.

　하늘에 속한 성도의 성품은 옛사람의 성질과 완전히 다른 새로운 성품이다. 그것은 예수님께서 가지셨던 성품이다. 이 성품으로 옷을 입으면 예수님을 본받아 용서하는 마음을 가지게 된다. 그래서 그리스도의 평강이 넘치지 않을 수 없을 것이다.

　그러므로 우리가 이러한 성품을 가지려면 그리스도를 내 마음에 모셔야 한다. 새 사람은 다른 사람을 섬기고 하나님께 영광을 돌리는 삶을 사는 사람이다. 우리는 서로를 향해서 지혜로 피차 가르치고 권면하라는 명령을 받고 있다.

　자신의 마음속에 그리스도의 말씀이 풍성히 거하도록 해야 한다. 가진 것만큼 줄 수 있다. 자기 속에 말씀이 풍성히 거하면 다른 사람을 잘 가르치게 된다. 그러므로 남을 사랑하여 나의 마음이 평안으로 가득 차도록 하자. 이웃과 더불어 살아야겠다는 삶의 목표를 갖게 된다.

◉ **죄인을 멀리함**

죄인을 멀리하는 은혜
✱ 찬송_35, 421장 ✱ 성경_삼상 22:9-19

　도엑은 다윗이 아히멜렉에게서 진설병과 골리앗의 칼을 얻을 때 성소에서 예배 중이었다. 그는 예배보다는 다윗과 아히멜렉의 대화와 행동에 더 관심을 두었다. 입술로는 하나님을 부르지만 마음은 멀고, 하나님의 계명보다 사람에게 더 마음을 두는 행동이었다. 경건의 모양은 있으나 경건의 능력이 없는 자를 멀리해야 한다.

　도엑은 다윗과 아히멜렉이 만났던 장소에서는 침묵하였고, 사태의 추이를 관망하였다. 이는 자신에게 유리한 때를 노린 행동이었다. 마침내 사울이 신하들을 모아 분노를 폭발시킬 때, 입을 열어 자신이 본 것을 고자질하였다. 말하자면 손익계산을 끝낸 후 적시에 나서는 전형적인 기회주의자였는데, 신앙인이 멀리해야 할 사람이다.

　사울이 제사장들을 죽이라는 명령을 내렸을 때, 왕의 신하들은 거절하였다. 그러나 도엑은 하나님을 두려워하지 않고, 여호와의 제사장들을 죽였다. 여호와의 제사장들을 죽이는 것은 곧 하나님을 모독하는 것이며, 하나님을 대항하는 것이니 멀리해야 할 사람이다.

　성도에게는 삶의 구별이 있어야 한다. 멀리할 것은 멀리하고, 가까이 할 것은 가까이 해야 복된 인생이 된다.

　하나님의 거룩하심이 이 가정에 넘쳐 여호와께 영광이 되기를 빈다.

◉ 목회자를 섬김

하나님의 사람을 대접하라

✷ 찬송_67, 212장 ✷ 성경_왕하 4:8-17

　우리를 위로하시는 하나님의 은혜는 주의 종을 대접하라는 것이다. 본문 8절에, "한 귀한 여인이 그를 간권하여 음식을 먹게 하였으므로 엘리사가 그 곳을 지날 때마다 음식을 먹으러 그리로 들어갔더라"라고 하였다.

　수넴에 살고 있는 이 여인은 하나님의 사람을 대접하였다. 엘리사는 그녀의 집에 들어가 공궤를 받았고, 그녀는 엘리사를 하나님의 거룩한 종으로 인정하고, 그를 섬긴 것이다.

　본문 10절에, "청하건대 우리가 그를 위하여 작은 방을 담 위에 만들고 침상과 책상과 의자와 촛대를 두사이다 그가 우리에게 이르면 거기에 머물리이다 하였더라"라고 하였다. 엘리사는 사람들의 공궤를 통해서 사는 것이 하나님의 뜻이었다. 하나님께 구별된 종들은 오직 성도들로부터 정성스런 대접을 받아야 한다.

　엘리사는 그녀의 공궤가 하나님께 드리는 것임을 알고, 그녀를 축복해 주었다. 엘리사는 그녀가 아이가 없어 서운해 함을 알고서, "한 해가 지나 이때쯤에 네가 아들을 안으리라"라며 축복하였고, 이듬해에 수넴의 여인은 아들을 낳았다.

　하나님의 종은 성도에게 여호와의 복이 임하는 통로로 쓰인다. 하나님의 종에게는 이 사람들을 대접하고, 섬겨야 하는 의무가 있다. 하나님께 구별된 이들을 섬겨서 복을 받기를 축복한다.

도전 심방
⊙ 브리스길라와 아굴라

생업이 같으므로 함께 살며 일을 하니

✖ 찬송_41, 368장 ✖ 성경_행 18:1-3

　브리스길라와 아굴라 부부는 바울의 사역을 도운 신망애의 부부였다. 이들 부부는 우리가 복음사역자에게 동역해야 할 것을 도전해 준다.

　바울은 고린도에서 아굴라와 브리스길라를 만났다. 바울은 그리스도의 복음이 남에게 짐이 되지 않게 하기 위하여 자신의 일을 가졌다. 그는 생활비를 마련하느라 장막을 만들다가 같은 직업을 가진 이들 부부를 만났다. 이들의 만남은 그리스도의 향기가 되었다.

　동업상 바울은 그들 부부와 친하게 지내게 되었다. 이들 부부는 복음을 위하여 바울과 함께 살며 함께 일을 했다. 이들 부부는 자기들이 살던 곳에 많은 이방인 교회를 세웠다. 그리고 그들은 바울의 목숨을 위하여 자기들의 목숨까지도 내놓았다. 따뜻한 그들의 가정은 집에 있는 교회가 되었다.

　바울의 동역자인 이들 부부는 천국건설을 위하여 바울과 함께 살고 바울과 함께 일하였다. 바울의 목숨을 지키기 위해서는 자기들의 목숨까지 내놓기도 하였다. 복음진리에 대하여 지식이 부족했던 아볼로를 데려다가 하나님의 도를 더 정확하게 풀어 주기도 했다.

　두 사람은 바울에게 기쁨이 되었다. 우리는 교회 안에서 복음을 위하여 수고하는 이들에게 동역자가 되어야 한다.

◉ 세례자 요한

이 요한은 낙타털 옷을 입고

✽ 찬송_37, 365장 ✽ 성경_마 3:4-12

　세례자 요한은 요단강에서 죄 사함을 얻게 하는 세례를 베풀었다. 그리스도의 선구자로 그 생활은 검소하며 겸손하였다. 그의 거처는 광야였고, 그의 옷은 낙타털 옷이었으며, 음식은 메뚜기와 석청이었다. 광야는 돈 한 푼 안들이고 살아갈 수 있는 곳이요, 낙타털 옷은 값싸고 구하기 쉬웠으며, 메뚜기와 석청은 거저 얻을 수 있는 음식이었다.

　당시의 유대에서는 주인이 밖에서 돌아오면 종이 허리를 굽혀 주인의 신에 맨 끈을 풀어주었다. 세례자 요한은 주님의 신을 풀어주는 종이 되기에도 부족한 사람이라고 했다. 예수님에 대하여 말하기를, "그는 흥하여야 하겠고 나는 쇠하여야 하리라"(요 3:30)라고 했다.

　사람마다 자기는 높이고 남은 낮춘다. 그러나 그는 자기는 낮추고 그리스도를 높였다. 자기는 망해야 하고 그리스도는 흥해야 한다고 말했다. 진실로 그는 의로웠다. 그는 말씀 안에서 옳은 것은 옳다 그른 것은 그르다 하였고, 선한 것은 선하다 악한 것은 악하다고 하였다.

　의로운 그는 거룩하다. 구별되고 분별되다. 그는 말씀 안에서 선과 악, 의와 불의, 참과 거짓을 확실하고 분명하게 구별하였다. 우리는 그에게서 겸손하고 의로운 그리스도인이 될 것에 주목해야 한다.

◉ 사도 요한

천사를 그 종 요한에게 보내어

✖ 찬송_18, 361장　✖ 성경_계 1:1-3

　요한은 사도로 부르심을 받은 후에, 끝까지 주님을 따랐다. 그는 박해를 받아 밧모 섬에 유배되어 거기서 계시를 받아 기록하였다.

　요한은 주님께서 갈보리 산 위에서 십자가에 못 박혀 죽으실 때 그곳까지 따라갔다. 12제자 중 십자가 밑에까지 따라간 제자는 요한 뿐이다. 그는 주님을 위하여 생명을 걸었다.

　그는 다락방에서 오순절 성령의 충만을 받은 후에 베드로와 함께 생명 내걸고 복음을 전했다. 그는 베드로와 함께 성전 미문에 앉아 구걸하는 나면서 못 걷던 자를 예수님의 이름으로 일으켜주었다. 전도하다가 체포되어 대제사장과 장로들에게 위협을 당하고 심문을 당하기도 하였다.

　요한이 주님을 사랑하기 때문에 주님이 요한을 사랑한 것이다. 주님은 십자가의 고통 중에도 어머니를 잊지 않고 십자가 밑에서 울고 있는 어머니를 사랑하는 요한에게 부탁했다. 사랑은 고통을 초월한다. 고통보다 사랑이 더 강하기 때문이다. 진정한 사랑은 끝까지다. 변함이 없다. 동일하다. 사랑은 환경의 지배를 받지 않고 환경을 지배한다.

　그는 에베소에서 전도하다가 도미시안 황제가 교회를 박해할 때에 밧모 섬으로 정배 갔다. 우리도 내 생명 끝까지 주님을 사랑해야 한다.

◉ 백부장

예수님께서 반겨주신 믿음의 사람

 찬송_26, 364장　 성경_마 8:5-13

　로마 보병대의 백부장은 믿음이 좋은 사람이었으며 성품이 좋고 겸손하고 사랑이 많은 사람이었다. 그는 사랑이 많은 사람으로 자기 가족도 아닌 하인이 병들어 신음하는 것을 안타까워하며 마음 아파하였다. 그는 메시아이신 예수님께 나와 하인을 위하여 간구하였다. 백부장의 사랑이 하인의 병을 고치는 동기가 되었다. 우리는 아픈 사람을 사랑으로 싸매주는 사람이 되어야 한다.

　그는 예수님에게 "주여…괴로워하나이다"라고 했다. 이처럼 그는 겸손한 사람이었다. "주여!"란 말은 헬라어 '퀴리에'로 '지배자, 통치자'란 말이다. 백부장이 로마의 식민지인 유대 사람 나사렛 예수님께 "주여!"라고 한 것은 심히 겸손한 태도였다.

　그는 예수님을 그리스도(메시아)로 믿은 믿음의 사람이었다. 그는 그리스도의 말씀을 믿으면 그 말씀이 어떤 병이든 고친다는 것을 믿었다. 능력의 말씀을 믿었다. 그 말씀을 믿으면 그 말씀이 그 말씀대로 되게 한다. 그리스도의 말씀이기 때문이다.

　'백부장'의 사랑과 겸손과 믿음은 하인의 병을 고쳤다. 그의 사랑과 겸손과 믿음이 그리스도를 기쁘게 해드렸기 때문이다. 백부장처럼 사랑과 겸손과 믿음의 사람이 되자.

◉ **고넬료**

하나님께 경건했던 군인
✱ 찬송_23, 365장 ✱ 성경_행 10:1-8

고넬료는 경건한 로마의 백부장으로서 이방인의 첫 개종자가 되었다.

그는 "경건하여…하나님을 경외했다." 하나님을 믿고 그의 영광과 엄위에 대한 경외심으로 범죄하여 하나님의 노여움을 살까봐 두려워하였다. 사랑할수록 두려움이 많은 것이다.

그는 하나님을 두려워하므로 온 가족이 하나님을 경외하였고 하나님께 향기로운 예배를 드렸다. 그의 온 가족은 하나님 신앙으로 경건하게 살았으며 가족 중에 아무도 우상을 섬기지 못하게 하였다. 마음과 뜻과 정성과 지혜와 목숨을 다하여 하나님을 경외하였다.

그는 백성을 많이 구제하였다. 그것도 피정복 국가에 와서 피정복 사람들에게 구제하였다. 유대인들의 신앙적인 독선에도 불구하고 차별이 없이 백성을 많이 구제하였다. 사실 하나님 사랑이 이웃 사랑이다.

그는 항상 하나님께 기도하였다. 유대인의 세 번의 기도 시간 중에서 9시 저녁 기도시간에 정한 시간에 정한 장소에서 항상 기도하였다. 경건하게 살고자 함이다.

무릎을 꿇으면 산다. 경건하여 온 가족이 하나님을 경외하는 사람, 백성을 많이 구제하고 항상 하나님 앞에 무릎을 꿇는 사람이 되자.

⊙ 누가

사랑의 의사
✷ 찬송_15, 369장 ✷ 성경_눅 1:1-4

누가는 예수님을 그리스도로 믿은 후에 사도 바울의 동역자로 천국 건설과 확장에 힘쓴 헬라인 의사이다.

누가는 아시아의 동남 길리기아의 수도요 바울의 고향인 다소에서 의료업을 하던 자로 바울의 전도를 받고 예수님을 믿었다. 그는 많은 사람들에게 사랑과 존경을 받았다. 하나님께서 당신의 거룩하고 선하신 뜻을 이루기 위하여 누가를 선택하셨다.

누가는 바울의 허약한 몸으로 전도하는 것을 보고 바울의 전도 여행에 동참하여 그의 허약한 몸을 돌보았다. 그는 환자들에게 전도할 때에 무슨 병인지 확인하여 바울의 기도를 통하여 병 고침을 받았을 때에 하나님께 영광이 되게 하였다. 누가가 직접 치료하여 의료 선교로 바울을 돕기도 하였다

그는 바울의 동역자로 끝까지 동행하였고 하나님의 은혜로 누가복음과 사도행전을 기록하였다. 누가복음은 데오빌로를 대상으로 기록하였고, 사도행전을 그 후 5년 후에(A.D. 80) 기록하였다. 누가는 일생동안 천국건설과 확장을 위하여 희생적으로 헌신하였다.

사랑은 희생이며 희생은 생명이다. 천국건설과 확장을 위하여 희생적으로 헌신하는 성도가 되자. 우리는 꼭 필요한 하나님의 사람이 되자.

◉ 니고데모

어려울 때 친구가 되어준 사람

✷ 찬송_18, 419장 ✷ 성경_요 3:1-15

　니고데모는 예수님이 예루살렘에서 전도를 시작했을 때, 밤에 그를 찾아 갔다. 또 예수님의 장례를 위하여 봉사하였다.

　그는 바리새인이요 공회의원이며, 이스라엘의 선생이었다. 그는 동료 공회의원들의 비난을 피하기 위해 밤에 예수님을 찾았다. 그는 영혼의 구원을 갈망하여 예수님을 찾아온 것이었다. 목마른 사슴의 심정으로 찾아온 것이다. 그러나 그는 진리를 이해하지 못하였다.

　니고데모는 공회에서 예수님을 정죄할 때 그것을 부당하다고 반박하고 변호했다. 그때, 그는 공회원들로부터 자신이 핍박을 받아 버림을 받을 수 있었다. 그들에게서 집단 따돌림을 당할 수도 있었다. 그러나 그는 그것을 두려워하지 아니하였고, 예수님을 정당하게 취급할 것을 주장하였다.

　십자가에 못 박혀 죽으신 예수님의 시체를 매장할 때, 니고데모는 값진 몰약과 향품을 주님의 몸에 부어드렸다. 그는 예수님을 자기의 친구로 대하며 섬겨왔음을 증명하였다.

　우리는 주님께 대하여 세상에서 어떤 태도를 취하고 있는가? 주님을 사랑하며, 주님을 변호해드리는 삶을 살아야 한다. 우리는 이웃에게도 친구가 되어주어야 하지만, 예수님께 대하여 참 친구가 되어드려야 한다.

◉ 다비다

하나님께서 보시기에 좋은

� 찬송_26, 427장 � 성경_행 9:36-42

　다비다는 풍성한 선행으로 그의 신앙을 나타내었다. 그녀는 어떻게 하면 선행을 할 수 있을까 하는 생각으로 가득 차 있었고, 그녀의 손은 선행을 하는데 분주하였고 선한 일을 힘써 배워 행하였다.

　다비다의 선행은 한 번으로 그치지 아니하고 계속되었다. 그녀는 열매가 많은 나무처럼 선행이 심히 많았다. 그녀는 잎만 무성한 무화과나무가 아니었다.

　그녀는 구제하는 일에 최선을 다해 헌신하였다. 그녀는 그녀 자체가 선행이었다. 그녀의 선행은 그녀의 믿음의 열매였고 경건한 삶이었다.

　그녀는 항상 자비를 베풀었고 남에게 유익을 주었다. 이는 하나님 사랑, 이웃 사랑에서 온 것이다.

　그녀가 죽었을 때 많은 과부들이 모여서 그녀의 죽음을 심히 슬퍼하였다. 주님을 믿는 사람들이 베드로 사도를 모셔왔고, 성령이 충만한 사도가 기도하였으며, 하나님께서 그녀는 살려주셨다. 이로 인하여 많은 사람이 예수님을 믿게 되었다.

　"여자들은 금이나 진주나 값진 옷으로 단장하지 말고 선행으로 단장하라"고 했다. 우리는 그리스도의 신부다. 선행으로 아름답게 단장하자. 많은 선행으로 그리스도를 보여주는 그리스도의 신부가 되자.

⊙ 루디아

복음의 통로가 된 여인

✶ 찬송_33, 424장 ✶ 성경_행 16:11-15

　루디아는 유대교에 입교하여 하나님을 신봉하던 중에, 바울을 만나 유럽에 있어서 바울 초기의 개종자의 한 사람이 되었다.

　바울은 기도 중에, 마게도니아로 건너와서 우리를 도와 달라는 환상을 보고 마게도니아의 첫 성인 빌립보에 도착하였다. 그는 기도할 곳을 찾던 중 강가에 몇 명의 여인들이 모여 기도하는 것을 보고 복음을 전하여 그 중에 루디아가 그 복음을 받았다.

　바울이 복음을 전할 때 루디아는 마음을 열어 바울의 말을 청종하였다. 그리고 온 가족이 예수님을 그리스도로 영접하고 세례를 받았다. 주님이 마음을 열어주셨으나 본인이 말씀을 사모했기 때문이다. 그리고 루디아는 자기만 예수님을 영접한 것이 아니라 온 가족으로 예수님을 영접하도록 하였다.

　그녀는 바울을 강권하여 자기 집에 모셔 정성껏 대접하였다. 인간 바울로 대접한 것이 아니라 주의 종으로 대접하였다. 그녀는 그리스도를 영접한 후에 크게 변화하였다. 그녀의 삶은 오직 예수였다. 그녀는 자기 집을 기도처로 내놓았다.

　우리도 하나님 앞에서 무릎을 꿇고, 하나님의 말씀을 영접해야 한다. 그리고 온 가족의 성전을 이루고, 교회를 세워 나가야 할 것이다.

◉ 마가 요한

좋은 성품을 가진 사람

✶ 찬송_19, 373장 ✶ 성경_행 12:25

　마가의 집은 당시에, 초대교회의 집회소였다. 그 곳에 성령님이 강림하여 교회가 설립되었다.

　마가의 어머니 마리아는 주님을 위하여, 교회를 위하여, 복음을 위하여 자기 집의 큰 다락방을 내놓았다. 주님은 최후의 만찬을 이곳에서 행하셨고, 성도들은 감람원에서 주님의 승천을 보고 한 사람도 집으로 가지 아니하고 모두 이곳에 모여 한마음과 한 뜻으로 오직 기도에 힘씀으로 바람과 같은 성령과 불과 같은 성령을 충만히 받았다.

　마가는 처음 바울과 바나바를 따라 예루살렘에서 안디옥에 이르고, 바울의 제1차 전도여행에 동행하였다. 그는 약 10년 후에, 로마의 옥중에 있는 바울의 좋은 협력자가 되었다.

　마가는 베드로의 통역자였으며, 알렉산드리아 교회의 창시자로 전하고 있다. 그는 바울과 바나바와 베드로까지 함께 전도여행에 동행한 것을 보면 성품이 아주 좋은 사람이었음을 알 수 있다.

　그는 어머니의 신앙을 본받아 믿음의 사람으로 자랐으며 120문도가 모여 기도할 때 함께 기도했으며, 초대교회의 중추적인 인물이 되었다. 경건한 신앙의 유산을 물려주는 부모가 되고, 부모의 경건한 신앙을 유산으로 받는 자녀가 되어야 한다.

◉ 마르다

예수님의 시역에 수종을 든 여인

✶ 찬송_31, 430장 ✶ 성경_눅 10:38-42

　주님께서는 베다니를 지날 때마다 마르다의 집에 들르셨고, 세 남매는 주님을 사랑하여 융숭하게 대접해드렸다. 그들의 집은 천국건설에 피곤한 예수님의 쉼터였다.

　마르다는 전도여행에 피곤하신 주님을 자기 집으로 영접하여 정성껏 대접하였다. 때로는 주님께로부터 책망을 받으면서도 정성을 다하였다. 주님을 사랑했기 때문이다. 주님께서도 그녀를 사랑하셨다.

　예수님께서는 피곤하실 때마다 그 집에 가셔서 쉬셨다. 그 집의 3남매가 주님의 사랑의 쉼터가 되었기 때문이었다. 마르다는 "주는 그리스도시요 세상에 오시는 하나님의 아들인 줄 내가 믿나이다"(요 11:27)라고 그의 신앙을 고백했다.

　그녀는 주님께서 구하는 것은 무엇이든지 주실 것을 믿었다. 그리고 마지막 날의 부활도 믿었다. 이처럼 마르다는 주님이 그리스도이심을 믿었고 주님의 부활만이 아니라 자기의 부활도 믿었다. 동생 나사로가 죽었을 때, 마르다는 예수님의 말씀에 순종하여 하나님의 영광을 보았다. 말씀을 순종하면 하나님의 영광을 본다. 순종은 기적을 낳는다.

　오늘, 우리는 말씀을 절대 순종하는 믿음의 사람이 되어야 한다. 주님을 그리스도로 믿고 바라보고 사랑하고 순종할 것을 결단하자.

◉ 동정녀 마리아

은혜를 입은 여인

✲ 찬송_37, 434장 ✲ 성경_눅 1:26-38

　마리아는 자기가 메시아의 어머니로 택함을 받았다는 것을 계시 받았을 때에 하나님께서 기적적으로 주시려고 하신 명예에 순종하였다. 마리아는 하나님의 은혜를 입었다. 천사가 "은혜를 입었느니라"라고 전하였다. 그녀는 성령으로 잉태하여 그리스도를 낳는 은혜를 입었다. 전적인 하나님의 은혜로 성령으로 잉태하여 낳은 것이다.

　이때, 그녀는 "주의 여종이오니 말씀대로 내게 이루어지이다"라고 하였다. 이는 전적인 헌신이다. 설령, 자기가 죽는 한이 있더라도 하나님의 뜻이 이루어지기를 바랐다. 당시에는 처녀가 잉태하면 돌로 쳐 죽임을 당했다. 그녀의 기적적인 비밀은 기적적으로 지켜졌다. 그것도 은혜이다.

　그녀는 "내 영혼이 주를 찬양하며"라고 했다. 그녀는 성령으로 잉태하였음을 알고 하나님께 찬양하였다. 만일에 이 비밀이 세상에 알려지면 마리아는 돌무덤이 된다. 그래도 그녀는 하나님의 아들이요 죄인들의 구주가 잉태되었음에, 감사 감격하여 하나님께 찬양하였다.

　동정녀 마리아는 하나님의 은혜를 입은 여인이다. 성령으로 잉태하여 그리스도를 낳았다. 그 은혜를 알고 헌신하며 감사하며 찬양하였다. 우리는 어떠한 환경에서도 하나님의 사랑과 은혜에 감사하자.

◉ 베다니의 마리아

옥합을 깨뜨리다

✵ 찬송_40, 428장 ✵ 성경_요 12:1-3

　베다니에 살았던 마리아는 나사로와 마르다의 동생으로 주님을 사랑하였다. 주님께 사랑을 많이 받았고, 주님께로부터 말씀을 받았다.

　마리아는 당시에, 멸시와 천대를 받는 여인이었다. 그녀는 나병환자 시몬의 집에 주님이 오시는 것을 알고 찾아뵙고 주님의 발을 눈물로 적시고 자기의 머리털로 그 발을 씻으며 그 발에 입 맞추고, 비싼 향유를 부어드렸다. 그녀의 행동은 회개와 사랑과 헌신의 표시였다.

　눈물은 회개와 사랑의 눈물이요, 머리털은 헌신과 봉사요, 입맞춤은 뜨거운 사랑과 은혜요, 향유는 신앙이다. 가룟 유다가 "이 향유를 어찌하여 삼백 데나리온에 팔아 가난한 자들에게 주지 아니하였느냐"라고 책망하였다.

　주님께서 그녀의 믿음을 보시고, "네 믿음이 너를 구원하였으니 평안히 가라"고 말씀하셨다. 이것은 전적으로 주님의 사랑과 은혜이다. 그녀의 믿음을 보시고 주님이 사랑과 은혜로 사죄와 구원을 주신 것이다. 울어도, 참아도, 힘써도 구원은 받을 수 없다. 구원은 오직 믿음으로 받는다.

　마리아의 주님을 향한 사랑은 오늘, 죄를 사함 받은 우리가 주님께 드려야 할 사랑의 본이다. 주님을 사랑하여 내게 있는 것을 드리자.

◉ 바나바

큰 무리가 주께 더하더라

✱ 찬송_36, 372장 ✱ 성경_행 11:23

바나바는 기독교로 개종하여 권면과 위로를 잘하였다. 예루살렘 교회에서는 안디옥 교회와 하나님 나라의 확장을 위하여 그를 파송했다.

바나바는 사람을 보지 않고 하나님의 은혜를 보았다. 우리는 이 점을 깊이 깨달아야 한다. 그리스도인은 항상 하나님의 은혜를 보아야 한다.

예루살렘 교회가 바나바를 찾아 안디옥 교회로 파송한 것은 바나바가 성령과 믿음이 충만하였기 때문이다. 그는 성령과 믿음이 충만하여 자기의 소유를 팔아 사도들의 발 앞에 두어 구제한 사람 중의 한 사람이었다. 말과 혀로만 사랑하는 사람이 아니라 행함과 진실함으로 사랑하는 사람이다.

성령과 믿음이 충만한 그는 성령과 믿음이 충만한 사도 바울을 도왔다. 예루살렘 사람들이 바울을 불신하고 무서워할 때 바나바는 바울을 믿고, 그를 추천하였으며 전도하고 선교하도록 그를 옹호하였다. 바울에게서 은혜를 보았기 때문이다. 바나바의 수고로 안디옥 교회가 부흥하게 되었다.

성도는 언제나 어디서나 하나님의 은혜를 보아야 한다. 사람을 보아도 먼저 은혜부터 보아야 한다. 주님께서 찾으시는 인물은 은혜가 충만한 사람이다. 은혜는 하나님이 사랑하는 사람에게 거저 주시는 선물이다.

◉ 바디매오

메시야를 기다렸던 맹인
✱ 찬송_41, 403장 ✱ 성경_막 10:46-52

　바디매오는 맹인 거지로서 길가에 앉아 있다가 예수님께 "나를 불쌍히 여기소서." 하고 부르짖었다. 주께서 자기를 부르신다는 전갈을 듣자 겉옷을 내어 버리고 뛰어 나아와 눈을 뜨게 되었다.
　바디매오는 자신의 불행에 갇혀있지 않았다. 그는 메시아를 유일한 희망으로 붙잡고 있었다. 그의 정확한 신앙고백이 그 증거가 된다. 자기에게 온 기회를 놓치지 않고, 주님께 부르짖었다.
　그는 언약의 메시아를 믿었다. "다윗의 자손 예수여!"라고 불렀다. 하나님은 장차 다윗의 후손을 통해 이스라엘 민족을 강성케 하시겠다고 선지자들을 통해 언약하셨다. 바디매오의 고백은 주관적인 것이 아니라 객관적인 것이었다.
　당시에, 사람들은 다윗의 자손으로 오실 메시아는 다윗 왕처럼 하나님의 권능으로 임하여 거짓과 불의와 악의 세력을 격멸시키는 분으로 알았다. 바디매오는 예수님을 능히 자신의 운명을 고쳐 주실 분으로 믿었다. 그의 믿음에 예수님께서 응답해주셨다.
　바디매오는 낙망하지 않고, 날마다 구걸하던 중에, 메시아를 기다리고 있었다. 메시아가 그의 유일한 희망이었다. 오늘, 우리에게도 주님은 전능하신 왕이시다. 그는 힘이요 빛이요 답이시다. 예수님을 믿고 바라보고 사랑하며 살아야 한다.

◉ 바울

세상을 정복한 전도자

✤ 찬송_40, 367장 ✤ 성경_고전 2:1

　바울에게 십자가는 복음의 중심이며 내용이었다. 그는 나를 위하여, 나의 죄를 담당하고, 나의 죄를 대신하여 십자가에 못 박혀 죽으신 그 십자가를 믿고 그 십자가를 중심으로 전도하였다.

　바울은 약한 사람이었으나 그 약함을 자랑했다. 그 약함에 성령을 의지하고 사역에 전념하여 위대한 전도자로 만들었다. 성령께서 진리 가운데로 인도하고, 영원토록 함께 하시며, 권능을 주신다. 그러므로 전도자와 성령은 분리할 수 없다. 그는 성령의 능력으로 세상을 정복했다.

　전도자의 역할은 하나님의 지혜를 전해 주는 것이다. 그러나 세인들은 하나 같이 하나님의 지혜에 대하여 무지하다. 당대의 석학인 바울도 다메섹 도상에서 예수님을 만나기 전에는 이에 대하여 무지했다.

　전도자는 부름 받기 이전의 신분이 무엇이었든지 관계없이 매우 중요한 직무를 수행하는 하나님의 일꾼인 것을 알아야 한다. 복음은 하나님의 예정이다. 하나님의 계시 없이는 아무도 알 수 없다. 그분의 계시로만 알 수 있고 찾을 수 있으며 만날 수 있다.

　오늘, 우리는 예수님의 십자가와 그의 부활을 세상에 전해야 한다. 하나님의 지혜에 기초하여 복음을 전하기를 결단하자.

◉ 베드로

바른 신앙을 고백하다

✣ 찬송_24, 362장 ✣ 성경_마 4:18-20

　베드로는 갈릴리 바다에서 고기를 잡다가 주의 부르심을 받고, 모든 것을 버려두고 주를 따른 12제자 중 수제자이다.

　주님께서 그에게, "나를 따라 오너라 내가 너희로 사람을 낚는 어부가 되게 하리라"고 부르셨다. 부르심을 받은 그는 "배와 그물을 버려두고" 주님을 따랐다. 그는 주님을 위하여 생명을 걸었다.

　주님께서 제자들에게, "너희는 나를 누구라 하느냐?"라고 물으셨을 때, 베드로가 고백하기를 "주는 그리스도시요 살아계신 하나님의 아들이시니이다"(마 16:16)라고 했다. 이때, 베드로에게 예수님을 바로 알게 한 이는 혈육이 아니요 하나님이셨다. 바로 성령을 가리킨다.

　그는 영에 속한 지혜를 갖고, 예수님이 하나님의 아들이시라는 것을 알았다. 그리고 주님이 하나님의 아들이시라고 고백하였다. 베드로는 성령님께 충만해 있었고, 주님께서 물으셨을 때, 성령께서 알게 해주신 대로 고백하였던 것이다.

　우리는 나의 직업과 관계없이 주님의 부름을 받은 주님의 제자이다. 예수는 우리 주 예수 그리스도이시다. 그 분 외에 우리 주 예수 그리스도는 없다. 주님을 그리스도로 믿기 위하여 성령님의 충만을 받아야 한다. 주야로 말씀을 묵상하고 무릎을 꿇어 성령님께 충만하자.

◉ 빌립

예수님을 따른 사도

✻ 찬송_28, 369장 ✻ 성경_요 1:43-46

　예수님께서 빌립을 만나시고 제자로 부르셨다. 주님께서 빌립에게 "나를 따르라" 하셨다. "나를 따르라"는 것은 제자로 따라오라는 뜻과 본받으라는 뜻이 있다. 주님의 부름을 받은 사람은 믿음으로 주님을 따라야 한다.

　빌립은 "주여, 아버지를 우리에게 보여 주옵소서"라고 말했다. 예수님께서 "나를 본 자는 아버지를 보았거늘 어찌하여 아버지를 보이라 하느냐"라고 말씀하셨다.

　사람에게는 육안이 있고, 영안이 있다. 하나님은 마음으로(영) 또는 믿음으로 본다. 마음으로 믿으면 영안이 열려 하나님이 보인다.

　요한복음 6장에 보면, 예수님께서 큰 무리를 보시고 빌립에게 "우리가 어디서 떡을 사서 이 사람들로 먹게 하겠느냐"라고 물으셨다. 빌립을 시험하고자 하심이셨다.

　이에, "각 사람으로 조금씩 받게 할지라도 이백 데나리온의 떡이 부족하겠나이다"라고 대답했다. 그는 많은 무리를 수리적으로 생각하고 물가의 기준을 대응하여 값을 계산했던 것이다. 빌립은 예수님을 따랐으나 육안으로 하나님을 보려고 했다. 하나님은 영안으로 보인다. 믿음으로만 볼 수 있고 만날 수 있다. 믿으면 듣고, 보고, 말하고, 만나며, 함께 산다.

　오늘, 빌립을 보게 하시면서 말씀을 하시는 하나님의 음성 듣자. 주님보다 앞서지도 말고, 주님을 따라야 한다.

◉ 삭개오

구원을 받은 죄인
✤ 찬송_17, 411장 ✤ 성경_눅 19:1-10

 유대인들로부터 버림을 받은 세리장인 삭개오가 메시아를 만나기 위하여 돌무화과나무 위로 올라갔다. "속히 내려오라"는 예수님의 말씀을 듣고 속히 내려와 그리스도를 만났다.

 예수님의 "삭개오야, 속히 내려오라"는 말씀을 듣고 지체하지 아니하고 바로 그 나무 위에서 내려왔다. 그리스도인은 하나님의 말씀과 그의 뜻에 순종하고 교회의 법도와 질서에도 순종해야 한다. 그는 자기를 포기했다. "내 소유의 절반을 가난한 자들에게 주겠사오며 만일 누구의 것을 속여 빼앗은 일이 있으면 네 갑절이나 갚겠나이다."

 삭개오가 자기를 포기하고 헌신을 결의할 때, 주신 주님께서 선언하시기를, "오늘 구원이 이 집에 이르렀으니 이 사람도 아브라함의 자손임이로다"라고 하셨다. 주님께서는 삭개오에게 구원의 선포와 동시에 아브라함의 자손으로 선포하셨던 것이다.

 곧 천국시민으로 선포를 받았다. 삭개오는 외적인 신자가 아니라 내적인 신자가 되었다. 성도는 외적으로도 그리스도인의 모습이 있어야 하나 내적으로도 그리스도인이 되어야 한다.

 메시아를 만난 삭개오는 자기를 포기하고 그리스도를 영접하여 구원을 얻었다. 오늘, 우리가 예수님을 영접하려면 자기를 포기하고 말씀에 순종하며 온전히 헌신해야 한다.

◉ 살로메

향기로운 여인
✖ 찬송_21, 410장 ✖ 성경_마 20:20-21

　살로메는 골고다의 십자가를 멀리서 바라보았다. 그녀는 부활의 날에는 아침 일찍이 예수님의 몸에 바를 향품을 가지고 무덤을 찾아갔다.

　살로메는 주님께 나와서, "나의 이 두 아들을 주의 나라에서 하나는 주의 우편에 하나는 주의 좌편에 앉게 명하소서!"라고 요구했을 만큼 욕망에 갇혀 있었다. 이에, 열 명의 제자들이 그 두 형제에 대하여 분히 여겼다. 이처럼 욕망은 교회의 일치와 평화를 깨뜨린다.

　주님께서 그녀에게, "너희는 너희가 구하는 것을 알지 못하는도다."라고 나무라셨다. 그녀는 신령한 일에 어두웠다. 자기가 구하는 것이 무엇인지도 몰랐다.

　그러던 그녀는 십자가의 자리에까지 주님을 따랐다. 고난과 죽음을 두려워하지 않았다. 사랑에 공포는 없다. 사랑에 두려움이 섞일 수 없다. 그녀는 다른 여인들과 함께 새벽에 주님을 찾아갔다. 주님의 시신에 향품을 바르기 위해서였다.

　우리는 새벽마다 주님의 성전을 찾아가 기도의 향을 뿌릴 것을 결단해야 한다. 살로메는 허영심이 많고 신령한 일에 어두웠으나 예수님을 끝까지 사랑했고 향품을 가지고 새벽에 주님의 무덤을 찾아갔던 향기로운 여인이었다. 우리도 그리스도의 향기를 풍기자.

◉ 수로보니게 여인

믿음을 보여드린 여인

✹ 찬송_26, 424장 ✹ 성경_막 7:24-30

수로보니게 여인은 비록 이방 여인이었으나 독실한 신앙인이었다. 그는 믿음으로 간절히 애절히 부르짖음으로 딸의 병을 고침 받았다.

수로보니게 여인의 어린 딸이 더러운 귀신 들렸다. 그녀는 자신이 가지고 있는 민족적 편견을 극복하고 주님을 찾아왔다. 타인의 시선에 대한 두려움을 버리고 찾아왔다.

그녀는 주님의 발 앞에 엎드렸다. 예수님을 그리스도로 믿은 그녀는 겸손했다. 그리스도의 은혜를 받기 위해서는 어떤 말씀도 수용하겠다는 겸손함이 있었다. 낮아질 대로 낮아진 것이다. 그녀는 그리스도 앞에 낮아짐으로 고침을 받았다.

주님은 더러운 귀신들린 딸을 고쳐달라는 그녀에게, "자녀의 떡을 취하여 개들에게 던짐이 마땅하지 아니하니라"고 말씀하셨다. 그러나 그녀는 물러서지 않고, 주님의 긍휼하심과 인자하심을 간구했다.

주님께서 말씀하셨다.

"여자야 네 믿음이 크도다." "귀신이 네 딸에게서 나갔느니라." 어려운 환경이라도 낙망하지 아니하고 믿음으로 간구하면 응답해 주신다. 주님께서는 그녀의 믿음을 보시고 그녀의 소원을 들어주셨다. 오늘, 나에게는 주님께 대하여 어떤 믿음이 있는지를 돌아보자.

◉ 스데반

성령이 충만한 사람
� 찬송_40, 366장 ✷ 성경_행 6:5, 8

　스데반이 예수님을 전할 때, 그들이 마음에 찔려 그를 향하여 이를 갈았다고 하였다. 그들은 영안이 어두워 그를 향하여 이를 갈았지만 스데반은 영안이 밝아 인자가 하나님 우편에 서신 것을 보았다.

　스데반은 믿음과 성령이 충만하여 죽음 앞에서도 담대하였다. 믿음이 성령이 충만한 그는 하나님의 영광과 주님이 하나님 우편에 서신 것을 보았다. 그러므로 그는 죽음을 두려워하지 아니하고 예수님이 그리스도이심을 담대히 전하였다.

　스데반은 지혜와 은혜와 권능이 충만했다. 그리하여 여러 나라에서 온 사람들과 회당에서 스데반으로 더불어 논쟁하였으나 스데반이 지혜와 성령으로 말함을 그들이 능히 당해내지 못하였다. 믿음과 성령의 충만이 첫 단계라면 지혜와 은혜와 권능의 충만은 다음 단계이다.

　그는 말씀을 담대히 전하였다. "목이 곧고 마음과 귀에 할례를 받지 못한 사람들아 너희도 너희 조상과 같이 항상 성령을 거스르는도다." 믿음과 성령이 충만하고 지혜와 은혜와 권능이 충만한 스데반은 생명을 내걸고 말씀을 전했다.

　오늘, 우리는 스데반처럼 믿음과 성령이 충만하고, 지혜와 은혜와 권능이 충만해서 예수가 그리스도라고 생명을 걸고 전해야 한다. 자신에게 주어져 있는 사명을 감당해야 한다.

● 안나

성전을 떠나지 않았던 여인
✱ 찬송_18, 431장 ✱ 성경_눅 2:36-38

　안나는 결혼 후에 남편이 죽자 즉시 성전에 올라가서 84년간 봉사하는 중에 아기 예수를 보고 크게 기뻐하였다.

　안나는 여선지자로서 선지자적 안목으로 장차 있을 그리스도의 구속사역을 바라보며 감사하였다. 신약성경에서 그녀는 예수님이 그리스도라고 전한 최초의 사람이 되었다. 예수님이 그리스도라고 전하는 사람이 선지자이다.

　안나는 결혼한지 7년 만에 남편과 사별하고 84년을 홀로 살았다. 그동안에 그녀는 성전을 떠나지 않고, 봉사하였다. 성전은 하나님이 계신 집이다. 그녀는 그 집에서 하나님과 함께 살았다. 하나님께서 하나님을 가까이 하는 안나를 지켜 보호하여 주셨다. 그녀를 붙들어 인도하여 주셨으며 가르쳐 다스려 주셨으며 함께 동행해주셨다.

　안나의 84년간의 생활은 금식과 기도였다. 그녀의 신앙은 인격적이며 열성적이며 변함이 없는 동일한 신앙이었다. 그녀는 이러한 철저한 신앙으로 말미암아 하나님을 깨닫는 예언의 능력이 있었던 것이다. 안나는 구속자 곧 그리스도를 만나보기 위하여 한 평생을 바쳤다.

　안나가 성전을 떠나지 아니하고 금식하고 기도하며 그리스도를 기다려서 만났고, 전했듯이, 오늘, 우리도 교회중심으로 살아야 한다.

◉ 사도 야고보

최초로 순교한 사도

✷ 찬송_39, 436장 ✷ 성경_마 4:21-22

　야고보는 아버지 세베대와 아우 요한과 함께 갈릴리 해변에서 그물을 깁다가 예수님의 부르심을 받았다. 예수님의 부르심을 받은 그들은 즉시 배와 아버지를 버려두고 예수님을 따랐다. 주님의 제자는 내가 선택한 것이 아니라 주님께서 선택하신다.

　그는 베드로와 요한과 함께 주님의 3대 제자 중 한 사람이었다. 주님은 중요한 일이 있을 때마다 이들을 데리고 다니셨다. 그러면서 예수님이 그리스도이심을 친히 보여주셨다.

　"그 때에 헤롯왕이 손을 들어 교회 중 몇 사람을 해하려 하여 요한의 형제 야고보를 칼로 죽이니"(행 12:1-2).

　헤롯 왕은 박해의 손길을 사도들에게 뻗쳐 사도 중 예루살렘 교회의 감독인 야고보를 체포하고 참살했다. 역사적인 기록에 의하면 야고보를 법정으로 끌고 가던 관리가 야고보의 강하고 담대하게 복음을 증거하는 그 모습을 보고 감동하여 예수를 영접하였다고 한다.

　오늘, 야고보의 하나님께서 우리를 바라보신다. 그리고 야고보처럼 강하고 담대하게 복음을 전하기를 바라신다. 우리는 일편단심 백절불굴의 신앙을 가져야 한다. 죽도록 충성하여 생명의 면류관을 받아 써야 한다. 그것이 오늘, 야고보를 기억하는 우리의 사명이다.

결단 심방
◉ 은혜를 사모함

하늘의 문이 열리는 은혜
✷ 찬송_ 16, 547장　✷ 성경_ 말 3:10–12

　성도의 삶에는 날마다 하늘로부터 은혜가 임해야 한다. 이에, 하늘의 문이 열리기를 사모하며 지내기를 결단해야 한다.

　성도가 받는 첫째 은혜는 천국에 들어갈 자격을 얻음이다. 하나님께서는 믿음으로 사는 자에게 천국에 들어갈 수 있는 은혜를 주신다. 천국에 들어가도록 하는 권세는 예수님께 있다. 주님은 예수님을 구주로 영접하고, 하나님을 아버지라고 부르는 사람에게 이 은혜를 주신다.

　성도가 받는 둘째 은혜는 아버지 하나님께 구하는 것이다. 하나님께서는 사랑하는 자녀에게 기도하도록 하신다. 하나님의 자녀가 아니면 하나님의 이름을 부를 수 없다. 그에게 요청하는 기도도 할 수 없다. 기도는 하나님의 손을 움직이는 은혜이다.

　성도가 받는 셋째 은혜는 만사형통을 누리는 복이다. 만사형통의 은혜는 하나님께서 우리에게 주신 최고의 복이다. 재물의 복과 손을 대서 하는 일마다 형통을 약속한 은혜이다. 이 만사형통의 은혜는 하나님을 경외하여 섬기는데 보상으로 주신다. 우리는 하나님을 사랑하여 이 복을 누려야 한다. 하나님은 자기의 백성들에게 복이 되신다.

　날마다 새롭게 하나님께서 우리를 자녀라 불러주실 때부터 우리에게 주시는 여호와의 복을 받도록 소망하자.

◉ 부지런함

열심, 또 열심을 내라
✱ 찬송_93, 218장 ✱ 성경_막 3:1-6

　오늘, 하나님께서는 우리에게 게으르지 않고 부지런하게 살아갈 것을 요구하신다.
　사람은 일을 해야 한다. 안식일을 지키라는 계명에서도 엿새 동안에 땀을 흘려 일한 후에, 지키도록 하셨다. 공생애 이전의 주님께서는 목수의 아들로 일을 하셨다. 바울의 손은 장막을 깁는 손이었다. 그는 스스로 노동하면서 자신의 생활비와 선교비와 구제비를 벌었다. 성경은 여러 곳에서 우리가 게으르지 말아야 함을 강조하고 있다.
　예수님께서는 하나님의 일을 이루는 것으로 공생애를 보내셨다. 주님께서는 하나님께 협력해서 병든 자들을 고치시고, 구원을 베푸셨다.
　우리는 서로를 향해서 협력의 손을 내밀어야 한다. 가령 남편은 아내에게, 아내는 남편에게 협력해야 한다. 부모들은 자녀에게, 자녀들도 부모에게 협력할 때, 그 가정에 하나님의 은혜와 평강이 넘쳐난다.
　다윗은 기도로 살았던 임금이었다. "내가 주의 지성소를 향하여 나의 손을 들고 주께 부르짖을 때에 나의 간구하는 소리를 들으소서"(시 28:2).
　기도의 손을 펴면 구원의 노래가 들린다. 모세는 홍해를 통과할 때 손을 높이 들어 폈고, 아말렉 전투에서 적을 이길 수 있게 하기 위해 손을 높아 들었고 승리를 얻었다.

◉ 사랑의 대가

헌신과 사랑의 희생
✖ 찬송_74, 216장 ✖ 성경_몬 1:18-22

바울은 오네시모를 그의 주인 빌레몬에게 돌려보내면서 간곡한 부탁을 하였다. "그가 만일 네게 불의를 하였거나 네게 빚진 것이 있으면 그것을 내 앞으로 계산하라". 그는 오네시모가 빌레몬에게 물질적으로 손해를 끼쳤으면 자신이 갚겠다고 했다. 한 영혼의 구원을 위한 바울의 사랑과 함께 그가 마음과 시간과 물질까지 아끼지 않았음을 보여준다.

하나님께서는 죄인들을 구원하시기 위해 그 아들 예수 그리스도를 구주로 보내 주셨다. 세상에 오신 예수님은 우리의 죄를 대속하시기 위해 십자가에서 보배로운 피를 흘려주셨다. 우리는 이러한 하나님의 은혜로 값없이 구원을 얻었다. 하나님께서 우리를 구원하시기 위해 치르신 값은 너무나 귀하고 보배로운 것이다.

바울은 빌레몬에게 "네가 내가 말한 것보다 더 행할 줄을 아노라"고 했다. 이는 오네시모를 노예의 신분에서 자유인의 신분으로 바꾸어 줄 것을 기대하는 말이다. 이와 같이 바울은 한 개인의 구원을 위해 끝까지 돌보는 사랑을 나타내었다.

우리도 복음을 전한 사람이 주 안에서 성장하도록 끝까지 돌보아 주어야 한다. 주님의 감동으로 바울은 그를 빌레몬에게 부탁하여 형제로 받으라고 하였다. 우리도 교회 안에서 이웃을 형제로 받아야 한다.

◉ 성경애독

이스라엘아 들으라

✱ 찬송_26, 431장 ✱ 성경_신 6:4-9

　성경은 말씀을 가까이 하는 삶의 복에 대하여 강조한다.
　본문 4절을 함께 읽자. "이스라엘아 들으라 우리 하나님 여호와는 오직 유일한 여호와이시니." 하나님께서는 그의 백성들이 여호와의 말씀을 듣기 원하셨다.
　그들이 하나님의 말씀에 귀를 기울인 만큼 그들의 생각과 행동은 하나님의 사람이 될 것이다. 하나님의 말씀을 듣고 그 말씀을 삶의 표준으로 삼아야 한다.
　본문 5절을 함께 읽자. "너는 마음을 다하고 뜻을 다하고 힘을 다하여 네 하나님 여호와를 사랑하라." 이스라엘 백성들은 하나님을 사랑해야 하였다. 이것이 천국 백성의 대강령이다. 예수님께서도 하나님을 사랑하는 것이 가장 큰 계명이라고 말씀하셨다. 우리 존재의 전 인격과 삶 전체로 하나님을 사랑해야 한다.
　본문 7절을 함께 읽자. "네 자녀에게 부지런히 가르치며 집에 앉았을 때에든지 길을 갈 때에든지 누워 있을 때에든지 일어날 때에든지 이 말씀을 강론할 것이며." 이스라엘의 부모들은 자녀들에게 하나님의 말씀을 가르쳐야 하였다. 말씀을 가르쳐야 자녀들이 하나님을 경외하게 된다. 자녀를 사랑하기 때문에 하나님을 가르칠 것을 결단하자. 성경은 성도에게 영혼의 양식이 되며, 마귀를 대적하게 한다.

◉ 성전 중심의 삶

성소에서의 기도
�֎ 찬송_88, 363장 �֎ 성경_왕상 8:39-45

하나님께서는 우리가 교회를 중심으로 살아 복을 받기를 원하신다.

성전은 하나님의 영광이 가득한 자리이다. 하나님께서는 성소에서 자기의 백성들을 만나주신다. 크고 광대하신 하나님께서 성전에 계시고 성전에 그 이름을 두시겠다고 하셨다. 하나님께서 성소를 지으셨듯이 예수님께서 십자가에 죽으심으로 교회를 세우신 것이다.

솔로몬 왕은 성전에서 하늘의 하나님께 기도하였다. 그리고 누구든지 성소를 향해서 손을 펴고 무슨 기도나 무슨 간구를 하거든 응답해 달라고 빌었다. 하나님의 성전에서 손을 펴고, 손을 들고, 성전을 향하여 부르짖는 기도는 하나님이 들어주신다. 교회는 하나님의 집으로 하나님께서 응답하시는 은혜를 받는 곳이다.

하나님께서는 가뭄이 들어서 메마를 때에는 비를 주신다. 하나님은 기근 중에도 재앙 중에도 살게 하신다. 나아가 전쟁 중에도 이기게 하시고, 포로로 잡혀 갔을지라도 다시 풀어 주신다. 만일 우리가 기근, 재앙, 질병에 걸린 고통 중에도 기도하면 하나님은 응답해 주신다.

복을 받기 위해서 교회를 가까이 하고, 교회에서 기도해야 한다. 인생 최고의 복은 나의 삶을 하나님이 받으시는 것이 된다.

◉ 시온주의 신앙

시온에서 주를 기다리는

✖ 찬송_64, 479장 ✖ 성경_시 65:1-5

　다윗의 하나님은 그에게 찬송을 주시는 하나님이셨다. 그는 자기를 향하신 하나님의 사랑과 은혜를 찬송으로 고백하였다. 하나님의 은혜는 그에게 찬송으로 살도록 하였고, 하나님의 영광을 노래하게 하셨다. 우리는 성경을 보면서 다윗만큼이 기도로 살았던 신앙인을 찾아볼 수 없다.

　하나님의 은혜는 다윗에게 기도하도록 하셨다. 그래서 그에게 하나님은 "기도를 들으시는 주"였다. 어떤 사람이 기도를 가까이 하는가? 한 번이라도 자신의 기도가 응답되는 은혜를 체험한 사람이다. 구할 때 응답해 주시는 하나님이시다.

　본문 3절을 보니, "죄악이 나를 이겼사오니 우리의 허물을 주께서 사하시리이다"라고 다윗은 고백하였다. 하나님께서 허물을 사하심은 사람의 허물을 덮어두신다는 의미이다. 또한 어떤 것으로 덧칠해 둔다는 의미도 된다. 하나님께서는 다윗의 죄를 드러내시기보다 덮어주셨다. 오늘 우리가 시온을 떠나지 말고 찬송하면 죄도 덮어주신다.

　다윗에게 찬송을 주셨던 은총으로 이 가정의 지체들에게도 찬송이 있기 원하신다. 우리에게 임한 하늘의 은혜는 고스란히 찬송의 주제가 된다. 하나님께서 주신 자리를 지키며 찬송하시기 바란다. 곡조가 담긴 기도의 찬송을 부름으로써 악한 영을 대적하고, 복을 누리자.

◉ 죄를 애통해함

속량하시는 하나님의 은혜

✱ 찬송_16, 292장 ✱ 성경_미 4:8-13

　구약시대 때, 하나님의 선민이 망하게 된 것은 그들이 민족적으로 죄를 지었기 때문이다. 이스라엘의 두 왕국에서는 왕으로부터 모든 백성들에게 우상을 숭배하는 죄가 넘쳐나고 있었다. 하나님께서는 그들의 죄에 대하여 선지자들을 보내 깨닫게 하셨다. 그러나 그들은 선지자들을 죽이고, 죄를 버리라는 하나님의 명령을 거절하였다.

　이에, 하나님께서는 그들을 잠시 동안이라도 쳐서 죄에서 돌이키기를 원하셨다. 이방의 나라들을 그들에게 인생 막대기로 사용하셨다. 본문 12절에서, "여호와께서 곡식 단을 타작마당에 모음 같이 그들을 모으셨나니"라고 하였다. 그들의 침략으로 유다는 망하였고, 예루살렘의 영광은 무너졌다.

　그러나 그것으로 이스라엘 백성들의 끝은 아니다. 그들이 바벨론에서 자기들의 죄를 깨닫고, 여호와께로 돌아오면 다시 일으켜 주실 것을 약속하셨다. 그들이 죄로 말미암아 받는 징벌을 통해서 하나님의 위로를 받을 때가 오겠다는 말씀이다. 그래서 거기서 선민을 그들의 원수들의 손에서 속량하여 내신다고 약속하셨다.

　전에 죄인으로 있을 때, 우리의 신분은 죽고 멸망에 이르는 자였다. 하나님께서 우리를 구원해 주셨으니 하늘에 소망을 두고 살자.

◉ **고난을 기회로**

유익하게 하는 고난

✖ 찬송_23, 338장 ✖ 성경_롬 8:26-30

　하나님께서 우리가 고난을 당하게 하심은 고난을 통해서 성숙함에 이르게 하려 하심이다. 하나님의 사람으로 단련을 받게 하신다.
　성도에게 있어서 복음이 없는 생활, 생활이 없는 복음은 바람직하지 않다. 복음에 합당한 생활을 통하여 복음을 위하여 협력하는 것이며, 또한 박해자들을 두려워하지 않고 하나님을 믿음으로 담대히 전진해야 한다.
　박해자들은 잠시 교회와 성도들 그리고 전도자들을 박해할 수 있으나 그들의 마지막은 하나님의 진노를 받아 멸망할 뿐이다. 박해자는 영원하지 않으나, 박해받는 성도들을 구원하시는 하나님은 영원하시다. 우리가 복음에 합당한 생활을 하면 하나님의 은혜를 경험한다.
　바울은 예수 그리스도를 위해 고난을 받는 것도 은혜라고 하였다. 고난이 은혜가 되는 것은 성령님께서 그 고난을 사용하시기 때문이다. 성도가 고난을 받을 때, 그것이 고난을 받으신 주님을 배우는 가장 좋은 기회가 된다. 그리고 고난을 받는 성도들을 위로할 수 있다.
　고난을 통해서 우리를 하나님의 사람으로 만들어 주신다. 고난을 당할 때, 감사함으로 받아들이며, 자신을 거룩하게 하는 것에 집중하자.

◉ 찬국에 마음을 둠

위의 것을 찾으라
� 찬송_25, 480장 ✗ 성경_골 3:1-4

우리의 신분은 하늘에 본향을 둔 자로서 위의 것을 찾아야 한다.

하나님의 자녀는 자신의 신분을 위에 두고 있다. 그는 하늘에 속한 사람이기에 위로부터 주어지는 은혜를 받는다. 위에는 예수 그리스도께서 하나님 우편에 앉아 계신다. 우리가 위를 생각할 때, 하나님의 은혜가 뜨겁게 나타난다.

성도가 은혜에 메마르고 평안하지 못한 것은 아래를 생각하기 때문이다. 만일 우리가 위의 것을 생각한다면 그것으로 행복이다. 예수님께서 우리를 받아주시고, 함께 하시기 때문에서다. 위에 계신 예수님을 생각할 때 우리는 많은 유익을 얻게 된다.

예수님을 생각할 때, 성도에게 주어지는 유익은 엄청나다. 때가 되면 예수님은 심판의 주로 세상에 다시 오신다. 장차 재림하실 주님을 생각할 때, 우리는 자신의 삶을 살펴야 한다. 주님을 만날 때, 흠 없는 모습으로 서야 한다.

우리는 이 땅에서 살기 때문에 당연히 먹고, 마시고, 살아가는 문제를 크게 보아야 된다. 그러나 그것이 우리의 삶을 연명하게 하지만, 절대적일 수는 없다. 우리는 늘 천국을 소망해야 한다. 하늘에 있는 본향을 사모하면서 하나님의 나라에 마음을 두는 복을 누리자.

◉ 천국일꾼

복음의 일꾼
✻ 찬송_27, 335장　✻ 성경_골 1:23

　바울은 자신이 복음의 일꾼이 되었다고 하였다. 죄인들을 구원하시기 위한 예수님의 사랑은 전해져야 한다. 죄인들을 하나님과 화목하게 해주는 누군가에 의해서 어디로든지 전해져야 한다. 바울은 골로새 교인들이 주님 앞에 설 때까지 거룩하고 흠이 없고 책망할 것이 없는 자로 나타나기를 격려하는 복음의 일꾼이었다.

　바울은 천하 만민에게 복음을 전파하는, 곧 세계를 가슴에 안고 헌신하는 복음의 일꾼이었다. 그는 직접 다니면서 온 천하에 복음을 전하였다. 지금처럼 옥에 갇힌 때에도 쉬지 않고, 온 천하에 복음을 전하였다. 예수님을 만나 변화된 한 사람의 힘이 이렇게 크다. 예수님은 바울을 선택하셔서 그에게 세계 복음화의 사명을 주셨다.

　바울은 복음을 위한 일꾼으로서 일생의 소원이 있었다. 하나님께서 그에게 복음을 전함에 있어서의 소원을 품도록 하신 것이다. 그는 선교의 사명을 다하기까지 자신의 생명을 조금도 귀한 것으로 여기지 않고 일사 각오로 일하였다.

　우리는 하나님의 자녀 된 삶에 대한 소원이 있어야 한다. 바울에게 복음의 일꾼으로 살기를 바라게 하셨던 것과 같이 성령님께서는 우리에게도 마음의 소원을 갖게 하시되, 일꾼으로 살게 하신다.

◉ 하나님의 응답

하나님의 응답으로 사는 사람

✖ 찬송_95, 401장 ✖ 성경_단 6:19-28

　우리는 다니엘의 기도가 즉흥적이지 않고, 습관적이었음에 주목해야 한다. 거룩한 사람에게는 거룩한 삶의 습관이 있어야 한다.

　느부갓네살 왕의 조서는 30일 동안 누구든지 왕 이외의 다른 신에게 기도하면 사자 굴에 집어넣는다는 법이었다. 그러나 다니엘은 이를 알고도 전에 행했던 대로 기도하였다. 결국 사자 굴에 던져졌는데, 그 굴에서도 기도하였다. 그러자 하나님께서 사자들의 입을 막으셨다. 하나님의 응답은 기도하는 사람들의 것이다.

　본문 23절을 보니, "그들이 다니엘을 굴에서 올린즉 그 몸이 조금도 상하지 아니하였으니 이는 그가 자기 하나님을 의뢰함이었더라"라고 하였다. 다니엘은 하나님께서 사자들에게서 구해주심을 의심하지 않았다. 하나님의 응답은 확신이 있는 믿음의 사람들의 것이다.

　하나님 마음에 합한 사람은 꼭 응답받았다. 그것은 그 응답을 통해서 하나님께서 영광을 취하시고, 믿음의 사람에게는 승리의 면류관을 씌어주시기 위함에서였다. 음흉하고 자신의 유익을 추구하는 사람은 하나님의 마음에 합할 수 없다. 하나님께 대하여 선한 사람, 신실한 사람, 정직한 사람에게 하나님이 함께 해주신다.

◉ 변화—성화

사람을 변화시키는 복음
※ 찬송_29, 198장 ※ 성경_몬 1:11-16

　복음은 바울을 바꾸더니, 오네시모도 다른 사람이 되게 하였다. 우리도 복음으로 변화되기를 소망해서 하나님의 사람이 되어야 한다.

　본래 바울은 포악무도한 사람이었다. 그러던 그가 예수님을 만남으로 변화하여 새사람이 되었다. 오네시모도 바울을 통해 예수님을 만난 후에 변하여 새사람이 되었다. 그의 가치가 달라진 것이다. 전에는 주인에게 무익한 사람이었으나 이제는 바울과 주인에게 모두 유익한 사람이 되었다. 하나님의 영이 그를 다른 사람으로 바꾸어 놓으신 것이다.

　오네시모는 그의 신분이 달라지는 은혜를 경험하게 되었다. 전에는 종이었으나 이제는 사랑 받는 형제가 되었다. 나아가 그는 잠시 주인을 떠났었으나 예수님을 만나 변화되어 주인이 그를 영원히 두게 되는 관계가 형성되었다. 예수님의 복음은 미움 받던 사람을 사랑 받는 형제로 변화시킨다.

　예수님은 오늘도 사람들을 변화시키신다. 물을 포도주로 변화시키신 것과 같이 죄인을 의인으로 변화시키신다. 하나님의 진노의 대상이었던 존재를 이제는 그의 사랑하는 자녀로 변화시키심으로써 하나님과 사람에게 모두 유익한 존재가 되게 하신다. 그리하여 전에는 없어야만 했던 사람이 이제는 없어서는 안 될 인물이 된다.

4. 돌봄 심방

권면 심방 / 154

자기중심의 신앙/ 믿다가 낙심됨/ 신앙에 회의를 품음/ 교회가 싫어짐/ 성도들과 하나가 안 됨/ 주일 예배가 귀찮음/ 헌신하려 않음/ 기도의 문이 닫힘/ 죄를 즐김/ 헌금에 인색해짐/ 재물에 대한 집착/ 세례 이후/ 군 입대/ 허탄한 것에 빠짐

대적 심방 / 168

불순종/ 교만함/ 염려/ 불법의 권세/ 이웃에의 무관심/ 불성실/ 진리사수/ 버림-거절/ 소욕을 물리침/ 의심/ 자신을 물리침/ 안일을 거절함

가정 문제 심방 / 180

복음에 합당하게/ 부부 사이에 불화/ 부모와 자녀의 불화/ 자녀들의 사이에 불화/ 식구들의 분노/ 배우자의 불륜/ 불의에 가담한 가족/ 빚을 져 도피 중인 가족/ 재판을 받는 가족/ 교도소에 수감/ 시가와의 갈등/ 처가와의 갈등/ 이혼을 하게 됨

주택 심방 / 193

이사-늘여감/ 이사-줄여감/ 주택의 구입/ 주택의 신축/ 주택의 증·개축

예수께서 이르시되 내가 곧 길이요 진리요 생명이니
나로 말미암지 않고는 아버지께로 올 자가 없느니라(요 14:6)

권면 심방
⊙ 자기중심의 신앙

예수를 바라보자

✖ 찬송_17, 420장 ✖ 성경_히 12:1-3

    사람은 어떤 습관을 갖고 무엇을 바라보느냐에 따라서 자신의 행동이 좌우된다. 오늘, 예수님만 바라보고 살겠다고 결단하자.
    본문에서 우리 믿음의 생활을 마라톤 경주에 비유하고 있다. 우리는 지금까지 믿음의 경주를 해왔으며 앞으로도 계속 달려야 한다. 그런데 목표와 방향을 알지 못한 채 달린다면 결국 탈락을 한다. 믿음의 경주에는 거추장스러운 죄악과 세상 염려를 버리고 오직 예수님만 바라보고 달려야 한다.
    예수님의 어떠하심을 보아야 할까? 사람들은 예수님을 바라볼 때 병을 고치거나 부귀영화를 누리게 하시는 분으로 착각한다. 뿐만 아니라 예수를 믿으면서도 고난을 당할 때 자신만 겪는 일이라고 생각하여 절망하기 쉽다. 그러나 예수님은 "그 앞에 있는 기쁨을 위하여" 십자가의 고난을 참으셨다고 하셨다.
    나아가서 하나님 우편 보좌에 앉으신 예수님을 바라보아야 한다. "부끄러움을 개의치 아니하시더니 하나님 보좌 우편에 앉으셨느니라". 예수님께서 십자가를 참으사 운명하시고 사흘 만에 다시 부활하시고 승천하여 하나님 보좌 우편에 앉으셨다. 그러므로 승리하신 주님만을 바라보고 인내하며 살아야 한다. 예수님을 바라보고 살아가자.

◉ 믿다가 낙심됨

여호와를 섬기는 자손
✹ 찬송_21, 434장 ✹ 성경_수 24:29-33

    여호수아는 하나님 앞에서 백십 세에 죽었다. 그가 죽은 나이는 요셉이 죽은 나이와 일치한다(창 50:26). 구약 시대에 있어서 장수는 하나님의 복을 받은 증거가 되었다.

    이와 같이 여호수아도 축복받은 자들 가운데 한 사람으로서 은혜롭게 생을 마감하였다. 그는 죽기 전에 이스라엘 백성들에게 유언적인 경고를 하였다. 만일, 그들이 여호와를 버리고 이방 신들을 섬기면 하나님께서 멸하시리라는 것이었다.

    이스라엘 백성들이 정복한 가나안 땅에는 이방의 우상 문화가 뿌리 깊이 잠재해 있어, 늘 올무와 덫으로 작용할 소지가 충분히 있었다.

    한편, 실제 이스라엘의 역사를 통해 볼 때, 이스라엘은 하나님을 잘 섬길 때는 복을 받았지만 하나님을 버리고 이방 신을 섬기면 어김없이 하나님의 심판을 받았다. 이를 안 여호수아였기에 여호와에 대한 신앙을 당부하였던 것이다.

    여호수아 이후의 역사는 이스라엘 백성들이 신앙을 버리고 하나님께로부터 멀어졌음을 보여준다. 그들은 여호수아 사후에 곧바로 우상 숭배에 빠져 버리고 말았던 것이다.

    이제, 우리들은 하나님을 섬기고, 하나님 중심으로 살아서 하나님께서 주시는 복을 누리기를 축원한다.

◉ 신앙에 회의를 품음

우리 하나님께 세세토록

✖ 찬송_26, 369장 ✖ 성경_계 7:10-12

　성도는 어린 양 예수님의 속죄의 피를 믿는 믿음으로 죄를 이기고 세상과 마귀를 이길 수 있다. 속죄 신앙을 가진 자마다 죄와 세상과 마귀를 이길 수 있다. 예수님께서 하나님의 아들 그리스도이심을 믿는 자는 세상을 이길 수 있는 것이다.

　본문의 말씀을 보니, 천사들은 성도들의 찬송에 화답하였다. 그들은 구원이 참으로 하나님의 지혜와 능력의 일임을 노래하였다. 하나님께서는 과연 나 같은 죄인을 불러주셨고, 그의 능력으로 나의 죽었던 영혼을 살려주셨다. 나아가 우리들이 믿음을 지키고 거룩함의 열매를 맺도록 보존해 주신다. 우리가 원하는 열매를 성령님께서 맺게 하신다.

　이 시간에, 구원의 하나님을 찬송하도록 하자. 우리 구주 예수님의 십자가에서 흘리신 속죄의 피는 결코 헛되지 않을 것이다.

　그러므로 우리는 오직 어린 양의 피에 우리의 옷을 빨아 깨끗하게 하고 하나님의 아들 예수 그리스도의 속죄의 피를 확신해야 한다. 그 믿음이 세상을 이기게 할 것이다. 하나님께서 세세토록 나와 함께 하실 것이다.

　이제, 하나님 앞에서 그리스도의 피가 우리를 죄로부터 구원에 이르게 한다는 것을 찬송하기 바란다. 구원의 주님을 찬송하면서 지내는 은혜가 이 가정에 풍성하기를 축복한다.

◉ 교회가 싫어짐

교회를 위한 기도
✹ 찬송_41, 364장 ✹ 성경_빌 1:5-8

　교회를 사랑하는 자는 말없이 봉사하기를 기뻐한다. 교회를 사랑하는 자는 그리스도 안에서 하나가 되기 위해 기도에 힘써야 한다. 우리에게는 교회를 통해서 주님의 몸을 이루어 가야 하는 사명이 있다.

　교회 안에서 하나가 되기 위해 기도해야 한다. 만일 교회가 분열되는 것은 어떤 경우라도 사탄이 참소하는 것이다. 이 안에는 미움, 시기, 질투, 원망, 불평으로 가득 차기 때문이다. 당시 빌립보 교회의 성도들은 교회를 사랑하여 서로 어려움을 인내하며 이웃을 위해 자신을 더욱 희생할 줄 알았다.

　다른 사람들의 유익을 위해 기도해야 한다. 성도가 갖는 최고의 기쁨은 자신의 요구가 채워지는 것이 아니다. 타인을 위해 도울 수 있는 자신이 될 때 그것이 바로 나의 기쁨이 된다. 교회 안에서 사랑과 위로로 다른 사람을 돌보아 주기를 기도해야 한다.

　좋은 생각으로 사랑을 나누기 위해 기도해야 한다. 성도가 교제하는 일에는 그리스도께서 사역을 위해 생각이 같아야 한다. 성도에게는 주님 안에서 서로 사랑을 나누려는 노력이 필요하다. 교회의 유익을 위해 좋은 생각이라면 서로 격려하고, 용기를 주며 기도해야 한다. 그것이 이 땅에서 주님의 몸을 세워나가는 방법이다.

◉ 성도들과 하나가 안 됨

하나님을 가까이
✹ 찬송_73, 351장 ✹ 성경_약 4:8

　사람은 자신이 가까이 하는 것에 동화된다. 성도가 예수님을 가까이 하면 주님의 사람이 되고 주님을 멀리하면 사탄의 사람이 된다.

　주님은 피 옷을 입으신 분이시다. 주님께서는 교회의 머리이시며, 성도는 그 지체이다. 성도가 주님과 멀어지면 죽는다. 이 관계를 예수님께서는 "주님이 포도나무요, 우리는 그 가지"라고 설명하셨다. 가지가 포도나무에 붙어있지 아니하면 스스로 열매를 맺을 수 없다. 붙어있으면 스스로 열매를 맺는다.

　주님은 나의 구주이시다. 길이요 진리요 생명이시다(요 14:6). 믿음이요 소망이요 사랑이시다. 그는 나의 선한 목자요 주치 의사요 의로운 재판장이시다. 주님을 가까이 하라.

　교회는 주님의 피로 세운 사랑의 공동체요 언약의 공동체이다. 교회는 주님의 몸이요 그리스도인은 그 지체이다. 지체는 몸을 떠나 살 수 없다. 교회는 주님의 신부이면서 성령님께서 거하시는 성전이다(고전 3:16).

　우리는 주님께 가까이 하고, 교회를 중심으로 하여 열매를 맺어야 한다. 성령의 열매가 맺혀야 한다(갈 5:22-23). 물고기가 물을 떠나 살 수 없고, 나무가 땅에서 뽑혀 살 수 없듯이 성도가 교회를 떠나 살 수 없다. 떠나면 죽는다. 교회를 가까이 하기를 축복한다.

⊙ 주일 예배가 귀찮음

주일을 거룩하게
✽ 찬송_30, 353장 ✽ 성경_출 20:8-11

우리가 주일을 거룩하게 지키는 일은 하나님의 명령이다.

안식일의 명칭인 '쇼바트'라는 히브리어에는 '안식' 또는 '휴식'이라는 뜻이 있다. 이것은 하나님께서 피곤하여 아무 일도 하지 않는 무동작 상태에서 쉬셨다는 것이 아니다. 하나님께서 창조된 모든 것을 유지시키시고, 기뻐하신다는 의미이다.

우리가 안식일을 지킬 때, 하나님께서 구속 사업을 완수하셨다는 것을 깨닫는다. 창조의 안식은 예수 그리스도를 통하여 영원한 안식을 위한 구속의 예표이다. 그러므로 안식일의 주인공은 '쉼'이 아니라 구속의 주님이시다. 구약시대의 안식일은 신약시대의 주일로 완성되었다.

우리가 주일을 지킴으로 안식일의 의미가 사라진 것이 아니다. 성경의 초점을 완성시키는 일이며, 구원받은 백성들에게 영원한 안식의 주인임을 보여주는 날이다.

주일을 어떻게 지켜야 하는가? "거룩히 지키라"고 하셨다. '거룩'이란 구별에 대한 용어이다. 그러니까 이 날은 다른 날들로부터 구별하라는 것이다. 하나님께 드리는 날로 지키라는 의미이다.

우리는 이날에, 예배와 노약자, 병든 자, 어려운 자를 심방하고, 부활의 기쁨을 전하는 일을 하면서 지켜야 한다. 주일성수에 약속된 복을 누리시기를 빈다.

◉ 헌신하려 않음

성령님으로 거듭나라
✱ 찬송_209, 204장 ✱ 성경_요 3:1-8

　사도 요한은 본서에서 예수님과의 개인적인 대화를 11차례나 한다. 본문은 그 첫 번째로 하나님 나라에 들어가는 구원의 길을 설명한다.

　니고데모는 훌륭한 종교인이요 유대인의 관원이며 백성들의 존경받는 선생이었다. 그러나 구원의 진리를 깨닫지 못했다. 그래 그는 밤중에 예수님을 찾아가 대화함으로 그 진리를 깨달았다.

　오직 말씀과 성령으로만 거듭난다. 곧 하나님의 자녀로, 위로부터, 새롭게 다시 태어난다. 다시 말하면 인생관이 전환한다. 자연인의 인생관에서 그리스도인의 인생관으로 다시 나는 것이다.

　사람은 육안과 영안이 있다. 육안으로는 영적 세계를 볼 수 없다. 오직 영안으로만 영적 세계를 볼 수 있다. 따라서 성령으로 거듭나야 하나님의 나라를 볼 수 있다. 거듭나지 아니한 사람은 절대 하나님이 보이지 않는다. 진리가 보이지 않는다. 천국을 누리지 못한다. 자유와 평화를 누리지 못한다.

　거듭남을 받아야 한다. '거듭남'은 자력으로 거듭나는 것이 아니다. 거듭남은 도덕적 수양이나, 인격의 함양이나, 고행이나, 참선이나, 명상이나, 선행이나, 수양이나, 각성과 같은 인위적인 방법으로 되지 않고 오직 성령으로만 된다.

◉ **기도의 문이 닫힘**

벽을 향한 기도

✽ 찬송_478, 479장 ✽ 성경_사 38:1-8

　병들어 죽게 된 히스기야 왕은 얼굴을 벽으로 향하고 기도하였다. 그는 하나님께 통곡하며 전심과 진심으로 기도했다.
　"너는 네 집에 유언하라. 네가 살지 못하리라"는 사형 선고를 받고 기도했다. 좌절하지 아니하고 기도했다. 기도는 생명줄이다. 모든 인생은 나면서부터 죽을병이 들었다. 사형 선고를 받았다. 좌절하지 말고 기도하자. 기도는 생명의 줄이다. 기도 외에는 그 어떤 다른 것으로는 생명이 되지 못한다.
　그는 벽을 향하여 기도했다. 여기에는 세 가지 뜻이 있다.
　첫째는 세상과 단절한 기도이다. - 히스기야는 벽을 향하여 기도했다. 하나님만 바라보고 하는 기도에 응답하신다.
　둘째는 진실과 전심의 기도이다. - 하나님은 전심과 진심을 원하신다. 주님께서는 진심과 전심으로 간구하는 세리들의 기도를 들으셨다.
　셋째는 애통하며 고백하는 기도이다. - 세상과 단절한 히스기야의 기도는 통곡의 기도였다. 애통하고 회개하는 기도를 들어주신다.
　그의 기도에 하나님께서 응답하시어 생명의 시간을 15년이나 연장 받았다. 그리고 덤으로 앗수르 왕의 손에서 구원받았으며, 나라가 평안했고, 3년 후에 왕자(므낫세)를 낳았다. 기도는 축복이다.

◉ 죄를 즐김

성령 안에서 행함

성도는 예수님을 나의 구주로 믿음으로 의인이 되었다. 곧 죄와 율법에서 해방되어 의의 종이 되었고, 그리스도의 신부가 되었다.

성도는 죄와 사망의 법에서 해방된 삶을 살아간다. 사람이 범죄하여 죄인이 되었고, 죄인은 죄 값으로 사망하게 되었다(롬 6:23). 생명의 성령의 법이 죄와 사망의 법에서 해방시켜 주셨다. "생명의 성령"이란 생명을 주시는 성령을 말한다.

성령님께서는 예수님을 그리스도로 믿는 모든 자를 중생시켜 예수님의 생명과 능력을 얻어 자유와 평화를 누리게 하신다. 예수님의 속죄의 죽음으로 "다 이루었다"(요 19:30).

성도는 성령님께 충만해서 영의 일을 생각하며 살아간다. 영의 생각은 생명과 성령의 법을 믿고, 영의 일을 생각하며, 성령의 열매를 얻는다. 육신의 생각은 하나님과 원수가 되게 하고 사망하게 한다. 영의 생각은 하나님을 기쁘시게 하고, 생명과 평안을 누린다.

그리스도의 영을 모신 사람은 그리스도의 이름으로 세례를 받아 예수님을 그리스도로(나의 구주, 마 16:16) 고백한다. 그리고 주님과 한 몸이 되어 그 안에 머무는 사람을 말한다. 오늘, 주님의 영을 모시고 살아가기를 소원하자. 그때, 죄가 멀어지는 것을 경험한다.

◉ 헌금에 인색해짐

하나님께 드리는 것

✼ 찬송_17, 425장 ✼ 성경_신 16:10-11

　헌금은 하늘나라에서 가장 귀한 보물 창고에 쌓이게 된다. 하나님을 사랑하기 때문에 그분에게 드리고자 하는 마음이 생겨난다. 하나님을 위해 드릴 수 있는 마음은 바로 그 마음속에 하나님만 생각하고 그분의 말씀을 따라 살고 있다는 증거가 된다.

　교회에서 성도들이 헌금을 통하여 청지기의 사명을 감당해야 하는 것을 하나님께서 원하셨다. 하나님께서는 물질 자체보다는 그 물질로 예배드리는 그 사람의 마음을 더욱 원하신다. 물질은 우리 인간에게 가장 커다란 우상이 될 수 있다.

　예수님께서는 "네 보물이 있는 그곳에는 마음도 있느니라"고 하셨다. 헌금은 단순히 허비되는 물질만을 의미하는 것이 아니라 하늘나라에 저장되는 가장 귀한 구원의 창고이기도 하다. 그러므로 믿음을 가지고 천국을 소망하는 자들은 이 땅에서 바른 헌금을 드려야 한다.

　초대 예루살렘교회는 오순절날 성령충만을 받은 성도들이 자발적으로 그들의 소유를 가지고 교회에 헌납했다. 그로 인해 교회는 필요에 따라 복음전파와 하나님 나라 확장에 사용되었다. 이처럼 많은 사람들은 성령의 감동을 받아 교회에 헌금하는 기쁨을 가지게 되었다. 그 은혜를 오늘, 나의 것으로 삼기를 하나님께서 바라고 계신다.

◉ 재물에 대한 집착

먼저 구해야 할 것

　예수님을 나의 구주로 믿는 사람에게는 먼저 구할 것이 있고 나중에 구할 것이 있다. 나중에 구할 것을 먼저 구하면 아무 것도 얻지 못하나 먼저 구할 것을 먼저 구하면 나중 구할 것까지 주신다.

　이방인들의 최고의 관심사는 물질이다. "무엇을 입을까? 무엇을 먹을까? 무엇을 지을까?"이다. 안락과 부요와 풍부를 누리며 쾌락을 누리기를 원한다. 그러나 이들에게는 염려가 있을 뿐이다(눅 12:17). 염려하는 자는 그 정신이 분열되어 근심에 빠지게 마련이다.

　우리의 최고의 관심사는 "그의 나라와 그의 의이다." '그의 나라'는 하나님의 나라로 하나님께서 통치하시는 나라이다. 그리고 "그의 의이다." '그의 의'는 하나님의 의이다. 하나님의 의는 하나님의 독생자 예수 그리스도의 십자가의 죽으심이다. 이로 인하여 하나님의 의를 완전히 이루셨다.

　그의 나라와 그의 의를 구하는 자에게 하나님은 이 모든 것을 더하여 주신다고 약속하셨다. 곧 하나님의 나라와 하나님의 의, 그리고 의식주도 풍족하게 주신다. 우리가 먼저 그의 나라와 그의 의를 구하면 두 가지를 다 얻을 수 있으나 의식주를 구하면 두 가지를 다 잃게 된다.

　하나님의 나라와 하나님의 일에 먼저 주목하자. 하나님의 백성에게 우선순위는 하나님의 나라이다.

◉ 세례 이후

하나님의 뜻
✻ 찬송_73, 351장 ✻ 성경_살전 5:16–18

하나님께서는 우리가 예수님의 생명과 능력, 은혜와 사랑, 기쁨과 안식을 누리기를 원하신다. 이를 위해서 세 가지를 제시하셨다.

첫째, 항상 기뻐하는 것이다. 염려하지 말고, 근심하지 말고, 항상 기뻐하라고 말씀하셨다. 염려하고 근심하면 육체적으로 각종 질병에 걸릴 위험이 높아진다. 염려와 근심은 살인마라 할 수 있다. 염려와 근심을 하나님께 맡기고 의지할 때, 기쁨으로 살아가도록 하신다.

둘째, 쉬지 말고 기도하는 것이다. 성도에게 기도는 생명이다. 그래서 쉬지 말고 기도하라고 하셨다. 생명을 사랑하는 자는 기도를 사랑한다. 기도를 생명보다 더 사랑하는 자가 더 풍성한 생명을 얻는다. 기도가 무엇인지 아는 사람은 기도가 아니면 차라리 죽음을 선택한다. 기도는 하나님께로부터 생명을 공급 받게 한다. 만일, 기도를 쉬면 죽는다.

셋째, 범사에 감사하는 것이다. 하나님께서 계신 곳은 두 곳인데, 하나는 천국이요 다른 하나는 겸손하고 감사하는 마음이다. "만일 다리를 한 쪽만 잘렸으면 하나님께 두 다리가 다 잘리지 않았음을 감사하라. 만일 두 다리가 잘렸으면 하나님께 목이 부러지지 않았음을 감사하라."(탈무드). 오늘, 기쁨과 기도, 감사로 하루를 마감할 것을 축복한다.

◉ 군 입대

은혜를 기억하고 묵상하라

✖ 찬송_495, 377장　✖ 성경_민 11:1-9

이스라엘 백성은 시내산을 출발하여, 3일 동안 행진한 후 바란 광야에 이르렀다. 이들은 3일 후에 여호와 들으시기에 악한 말로 원망했다.

이스라엘 백성은 희망에 부풀어 시내산을 출발했다. 그러나 광야를 지나는 동안 뜨거운 폭염과 사나운 모래 바람과 온갖 해충과 갖가지 위험은 견디기 어려운 시련이요 고난이었다. 그러나 젖과 꿀이 흐르는 가나안 땅에 도착하려면 반드시 광야를 지나야 한다. 광야는 학교요 도장이요 훈련장이다. 하나님의 백성에게 필수 과정이다.

섞여 사는 무리가 탐욕을 품어 원망했다. 섞여 사는 무리는 애굽에서 묻어온 이방의 잡족들이었다. 이들은 항상 하나님의 섭리를 불신하고 하나님의 백성을 선동하여 하나님을 대적케 함으로써 저주를 받고 멸망을 받게 하려는 자들이다.

만나를 족하게 여기지 않았기 때문이었다. 하나님께서는 만나를 40년 동안이나 주셨다. 그러나 잡족들로 인한 탐심은 순식간에 그들에게 전염되었다. 애굽에서 먹었던 고기와 생선과 오이와 참외와 부추와 파와 마늘들을 먹은 것을 생각하며 원망했다.

은혜를 모르는 사람은 이처럼 원망한다. 불평과 원망을 하지 않기 위하여 늘 받은 은혜에 주목하고, 그 은혜를 기억하겠다고 다짐하자.

◉ 허탄한 것에 빠짐

어떻게 살아가야 할 것인가
✖ 찬송_377, 498장 ✖ 성경_빌 1:19-26

　인생은 인생관이 있다. 동물적 인생관과 자연인의 인생관과 성도의 인생관이다. 우리는 주님을 생각하고 바라보고 살아야 하는 인생이다.

　성도의 삶은 자신에게, 가족에게, 교회에게, 이웃에게, 주님에게 부끄러움이 없는 삶이어야 한다. 근면 성실하게, 정직 진실하게, 겸손 온유하게, 헌신 봉사하며, 거룩 성결하게, 착하고 충성되게 산다. 주님을 사랑하고, 교회를 사랑하며, 가정을 사랑하고, 이웃을 사랑하며 산다. 육체의 소욕을 따라 살지 아니하고 성령의 소욕을 따라 산다.

　성도가 살아가는 삶의 목적과 방법과 결과는 주님이시다. 삶의 의미와 가치도 주님께 있어야 한다. 주님이 우선이면서 삶의 기준이 되어야 한다. 그리하여 살아도 예수, 죽어도 예수, 먹어도 예수, 굶어도 예수여야 한다. 있어도 예수, 없어도 예수, 기뻐도 예수, 슬퍼도 예수이다.

　우리는 지금, 주님께서 과연 나의 삶 어디에 계시는지를 스스로 찾아보아야 한다. 일주일에 한 번 예배를 드리려 교회에 갈 때, 거기에 계시는가? 아니면 나의 심령에 계시면서 언제나 나를 간섭하고 계시는가? 주님께서 세상에 오셨을 때, "하나님께 영광, 사람들에게 평화"라고 천군 천사들이 찬양했다. 주님께서 곧 나의 전부이어야 한다.

대적 심방
◉ 불순종

하나님의 뜻을 행하라

✱ 찬송_74, 480장 ✱ 성경_요일 2:15-17

성도는 하늘의 하나님께로부터 난 자이다. 이제, 그의 삶의 근거는 하늘의 하나님께 속해 있다. 성도가 육체적으로는 아직 이 세상에서 살지만 본향은 천국이다. 세상에서 하나님의 뜻을 이루라고 보내졌다.

성도에게 있어서 세상은 사랑하거나 속해 있을 대상이 아니다. 이는 하나님과 세상을 함께 사랑할 수가 없기 때문이다. 본문 16절에서 사도는 세상에 있는 것들에 대하여 "육신의 정욕과 안목의 정욕과 이생의 자랑이니"라고 하였다.

육신의 정욕은 속에서 나오는 모든 죄악성을 말하고, 안목의 정욕은 눈에 보이는 세상에 있는 헛된 영광을 탐하는 것을 말한다. 그리고 이것들은 "아버지께로부터 온 것이 아니요"라고 하였다. 그러므로 우리는 세상을 사랑할 수 없다.

우리에게는 영원한 생명이 있으므로 영원히 거해야만 한다. 우리는 하나님의 나라를 사랑하여 영원한 천국을 사모하고 세상을 사랑하지 말아야 한다. 잠깐 있을 세상을 영원히 머물게 될 천국과 바꾸지 말라!

성도에게 본향이 천국이라면, 우리는 마땅히 하나님의 나라를 사모하며, 그 나라에서의 삶을 소망해야 한다. 그런데도 우리에게 이 땅에서의 즐거움과 쾌락에 대한 미련이 있다면, 버리도록 결단하자.

◉ 교만함

공의와 겸손을 구하라

✱ 찬송_25, 452장 ✱ 성경_습 2:1-3

　하나님께서 함께 해주시는 사람은 겸손하며, 여호와의 뜻을 구한다. 하나님께서 원하시는 것은 인간이 하나님을 기다림이다.
　여호와 앞에서 성도들이 가져야 할 마음은 회개하기를 즐거워함이다. 혹시 자신의 죄가 생각나지 않더라도 회개의 은혜를 구하면 하나님께서 들으신다. 본문 1절에, "수치를 모르는 백성아 모일지어다 모일지어다"라고 하였다. 하나님께서는 우리를 사랑하시기에 회개하기 위하여 모이라고 말씀하셨다.
　성도가 죄를 짓는 가장 가까운 이유는 여호와를 의식하지 않기 때문이다. 우리가 하나님의 말씀에 주의를 기울이고, 여호와를 향한 두려움을 잊지 않는 동안에는 죄를 짓거나 하나님 앞에서 교만하지 못한다. 여호와의 면전에 있음을 잊고, 수치를 모르는 까닭에 범죄한다. 이러므로 여호와를 찾고, 그의 규례를 지키라 하셨다.
　본문 3절 중반에, "너희는 여호와를 찾으며 공의와 겸손을 구하라"라고 하였다. 혹시 죄를 지었고, 그 죄로 말미암아 하나님의 징벌 아래 놓여 져 있다 해도, 여호와를 찾으면 징벌을 피하게 해주시겠다는 것이다. 하나님께 대하여 겸손하면 징벌에서 구해주시겠다는 은혜이다. 이는 우리를 향하신 하나님의 사랑이다.

◉ 염려

하나님의 평강을 누리자

✖ 찬송_28, 409장 ✖ 성경_빌 4:5-9

　하나님은 그의 자녀들과 함께 하신다. 성도에게는 서로를 향해서 하나님의 함께 하심을 드러내어야 한다. 우리가 하나님의 함께 하심을 드러내면 서로가 은혜를 누리게 된다. 그러므로 우리는 서로에게 관용함으로써 하나님의 임재를 드러내야 한다.

　바울은 하나님의 평강이 마음과 생각을 지키신다고 하였다. 하나님의 평강의 지배를 받는 삶의 비결은 염려하지 않고 하나님께 기도하는 것이다. 인간의 염려는 하나님께 기도하는 시간이다. 하나님께 기도할 때, 구할 것을 감사함으로 아뢰라고 하였다.

　사자 굴에 던져진 다니엘, 물고기 뱃속에서의 요나는 기도하였다. 기도하는 사람이 하나님의 평강을 체험하게 된다. 평강의 하나님이 우리와 함께 계실 때, 평안을 누린다. 따라서 하나님의 평강하게 하시는 은혜가 임하기를 소망해야 한다.

　본문 8절에 보니, "무엇에든지 참되며 무엇에든지 경건하며 무엇에든지 옳으며 무엇에든지 정결하며"라고 하였다. 우리는 성령의 권고하심에 따라 경건하게 살아야 한다.

　하나님께서 평강의 은혜를 주셔야 평화를 누리지만, 본인 스스로 평화를 깨뜨리기도 한다. 그러므로 평강의 균형을 잡도록 주목하자.

◉ 불법의 권세

마음을 청결케 하라
✖ 찬송_31, 452장 ✖ 성경_딛 2:14

　우리가 하나님께 받으실 만하기 위해서 거룩해져야 한다. 오늘, 하나님 앞에서 기도의 첫 마디는 우리의 심령이 청결해야 함이다.
　우리가 죄인이었을 때는 사탄이 우리의 마음을 지배하였다. 그래서 사탄의 조종에 의해 더럽고, 추하게 지냈던 것이다. 이제, 하나님의 백성들은 성령님의 지배를 받는다. 하나님의 말씀이 그의 생각에 영향을 준다. 하나님의 말씀이 우리 마음속에 우리의 인격과 생활을 지배한다. 그리하여 거룩함을 추구한다.
　마음이 청결하려면 그의 마음속에 하나님의 빛이 들어와 그 마음의 어둠을 물리쳐야 한다. 빛이 들어온다는 말은 성령의 임재하심을 뜻한다. 성령은 빛으로 우리 가운데 계시기 때문에 우리의 마음에 끊임없이 하나님의 빛을 비쳐 주신다. 이 빛은 성도에게 더러운 죄악된 것들을 내쫓는 하나님의 능력이 된다.
　마음을 청결하게 하려면 물질보다 하나님을 사랑하는 마음을 가져야 한다. 성령님께서는 하나님의 뜻을 따르게 하시려고 하나님을 왕이라 고백하기 원하신다. 마음의 청결은 그리스도의 피로써만 이룰 수 있다. 마음이 청결한 사람은 주님 때문에 자기 생명을 버린다. 이미 하나님을 보았기 때문이다.

◉ 이웃에의 무관심

이웃을 긍휼히 여겨라

　하나님께서 우리에게 원하시는 삶의 모습은 이웃을 긍휼히 여겨서 옳다 인정받음이다. 그러나 사탄은 우리를 하나님에게서 멀어지게 한다.

　우리는 하나님의 긍휼로 죄를 용서받은 사람들이다. 성도는 긍휼의 사람으로 이웃에게 다가가야 한다. 그 긍휼을 통해서 자신이 하나님의 긍휼의 은혜를 받았음을 증거하고, 이웃에게 하나님의 긍휼을 나타내는 것이다. 형제가 내게 죄를 범하면 몇 번이나 용서해야 하느냐는 물음에 예수님께서는 일흔 번씩 일곱 번이라고 하셨다(마 18:22).

　우리가 하나님의 긍휼을 받았던 것처럼, 긍휼의 은혜가 요구되는 이들이 있다. 자신의 힘으로는 살기에 벅찬 사람들은 다른 이들로부터 긍휼히 여겨져야 한다. 하나님의 긍휼은 도움 받을 길이 없는 과부나 고아를 불쌍히 보시고, 가난한 자를 돌보시는 것이므로 그들에게 긍휼을 베풀어야 한다.

　성도가 긍휼히 여겨야 하는 대상 중에서 최고는 원수이다. 사실, 우리는 전에 하나님께 원수였다. 하나님의 사랑은 원수를 사랑하시는 데서 이루어졌다. 하나님의 긍휼은 원수를 사랑하는 것으로 나타나기 때문에 우리에게 네 원수를 사랑하라고 하신다. 원수를 사랑하고 박해하는 자를 위하여 기도하라고 하셨다.

⦿ 불성실

축복을 받은 세 지파

✽ 찬송_27, 548장 ✽ 성경_수 22:1-6

　우리를 위로하시는 은혜는 하나님께 신실한 삶에 대한 약속이다.
　르우벤과 갓 지파, 므낫세 반 지파는 이스라엘 백성들이 전쟁을 할 때, 함께 참여해서 이기도록 하였다. 그들은 각 지파들이 분배받은 땅을 정복하러 나갈 때, 앞에서 싸워주었다. 세 지파는 아주 오랜 기간 동안 약속이행에 전념했다. 이로써 여호수아는 그들의 신실함을 칭찬하고 축복하였다.
　본문 3절을 보니, "오래도록", "형제를 떠나지 아니하고" 책임을 지켰다고 하였다. 그들 세 지파에게는 동족을 위하는 희생정신이 있었음을 보여준다. 그들은 7년 동안 자신들의 생명을 돌아보지 않고 용감히 전투에 참여하였다. 그들은 자기 지파를 돌보지 아니하고 다른 지파들과 동고동락했던 것이다.
　여호수아는 그들에게, "너희 형제에게 안식을 주셨나니"라고 하면서 "너희 장막으로 돌아가라"고 하였다. 이 말은 가나안 전쟁이 완전히 종결되었음을 선포하는 것이다. 그들 세 지파는 형제 지파들이 완전한 안식을 얻을 때까지 동참하여 칭찬을 받고, 축복을 받았다. 신실한 자에게 하나님께서 그들의 편이 되신다.
　여호와의 사람들은 언제나 하나님께 성실하여 쓰임을 받아야 한다.

◉ 진리사수

거짓 교훈에 주의하라

오늘, 우리 자신을 거짓 교훈으로부터 지켜서 진리로 보호해야 한다.

유대주의적인 율법주의는 하나님을 떠나 사람이 만든 인본주의 사상이다. 그러나 성경은 이 예언의 말씀에 덜하지도 말고 더하지도 말라고 분명히 말씀하고 있다(계 22:19). 그런데 예수님 당시의 바리새인들도 전통을 귀하게 여겼다. 전통보다 귀한 것은 계시된 하나님의 말씀 그 자체이다.

골로새 교회에 거짓 교훈을 퍼뜨리는 자들은 초등학문으로 교회를 어지럽혔다. 초등학문은 문자적으로 사물의 기본이 되는 요소로서 세상의 학문을 말한다. 당시에는 점성술이 성행하였다. 그들은 천사숭배, 금욕주의 등 종교의 유치한 초보적 단계를 다루었다. 그것은 성도들을 미혹하는 철학과 헛된 속임수였다.

골로새 교회에 침투한 거짓 교훈에는 그리스도를 따르지 아니한 것이 있었다. 사실, 교회를 병들게 하는 이단사상 중에 이것이 가장 치명적이다. 그리스도를 따르지 아니하면 결코 구원을 얻을 수 없다. 예수님은 육신으로 나타나신 하나님이시다. 예수님 안에는 신성의 충만함이 거하고 있으니, 그는 바로 하나님이시다. 하늘에 속한 사람이면서도 여전히 세상적인 습관을 갖고 있지 않은지를 돌아보아야 한다.

◉ 버림–거절

우리, 가난한 심령이어라

✖ 찬송_40, 423장 ✖ 성경_마 5:1–3

오늘, 하나님께서는 우리에게 가난한 심령으로 살라고 말씀하신다.

라오디게아 교회는 물질로 인하여 그들의 심령이 부요했었다. 그들은 물질로 말미암아 하나님을 떠나 심령이 부요하게 되었다. 성도는 자기를 위하여 재물을 쌓아 두고 하나님께 대하여 부요치 못해서는 안 되기에 심령이 가난해야 한다고 하셨다. 가난한 심령은 세상에서의 소망이 없음을 말한다.

재물에 그 마음이 빼앗기지 않고, 세상의 소망 때문에 그 마음이 세상으로 흐르지 않아야 한다. 세상에 대하여 가난할 때, 그의 마음이 예수님으로 가득 차고, 위로부터 내려오는 하나님의 은혜에 소망을 갖게 된다. 만일, 세상 것으로 마음이 채워지면 교만에 처하게 된다.

하나님께서는 심령이 가난한 자들에게 천국을 주신다. 이는 하나님의 은혜로만 살아간다는 것을 뜻한다. 성도가 성령님의 충만을 사모해도, 성령님의 임재를 경험하지 못하는 것은 그의 마음이 부요하기 때문이다. 심령이 가난해지면, 하나님의 일하심을 보고, 느끼고, 그분의 섭리를 받아들인다. 그 마음은 평안으로 가득해진다.

우리는 하나님의 은혜를 찾아야 한다. 자기를 비워야 하늘을 담는다. 세상의 것들을 기쁘게 버리는 은혜가 있으시기를 축복한다.

◉ 소욕을 물리침

선한 것을 본받으라
✱ 찬송_35, 450장 ✱ 성경_요삼 1:5-12

하나님의 선하심을 나의 것으로 취함으로써 육신의 소욕, 죄의 본성을 물리칠 것을 다짐해야 한다. 성도는 자기를 다스려야 한다.

본문 9절을 보자. "내가 두어 자를 교회에 썼으나 그들 중에 으뜸 되기를 좋아하는 디오드레베가 우리를 맞아들이지 아니하니." 사도는 지금, 디오드레베를 나무라고 있다. 그는 자신이 교회 앞에서 으뜸 되기를 좋아했다고 책망을 받았다. 주님께서는 으뜸 되려 하지 않으셨다.

가정에서나 교회에서, 또 다른 곳에서 사람에 대하여 말하기가 쉽다. 이때, 남을 비방하는 말을 해서는 안 된다. 본문 10절을 보니, "그가 악한 말로 우리를 비방하고도 오히려 부족하여 형제들을 맞아들이지도 아니하고 맞아들이고자 하는 자를 금하여 교회에서 내쫓는도다"라고 하였다. 비방은 말로 남을 해치는 것이다.

하나님 앞에서 성도는 서로 대접해야 한다. 먼저, 가정을 보면, 부모가 자녀를 대접하고 자녀 역시 부모를 대접하는 것이 좋다. 사람은 지위 고하를 막론하고 서로 대접해야 한다. 이 대접으로 서로를 존경하고, 공동체를 세워간다. 그러므로 요한은 디오드레베를 나무라면서 그를 본받지 말고, 선한 행실을 본받으라 하였다.

◉ 의심

이름을 위대하게

✵ 찬송_19, 301장 ✵ 성경_삼하 7:4-9

본문은 믿음을 지키고 승리한 자에게 하나님께서 그의 이름을 위대하게 해주시겠다고 약속해주시는 말씀이다.

다윗은 이스라엘의 임금이 된 후에, 성전을 지어 하나님께 드리려는 소원으로 가득 찼다. 그의 여호와를 향한 사랑은 하나님을 감동시켰다. 하나님의 말씀이 나단 선지자에게 임하여 다윗에게 복을 약속하셨다. 그 첫째가 하나님의 함께 하심이다. 다윗이 어디를 가든지 그의 편이 되어 주시고 같이 하신다는 것이다.

하나님은 하나님을 사랑하는 자들에게 은혜를 더욱 베풀어 주신다. 모든 사람들이 하나님의 은혜를 받으나, 여호와를 사랑하는 자에게는 남다른 은혜를 베푸신다. 그 은혜로 다윗에게는 그의 대적을 그의 앞에서 물리쳐 주신다고 약속하셨다. 당시에 그의 대적들이 많았는데, 이들을 물리쳐 이름을 위대하게 하신다고 하셨다.

나라 안에서 그의 대적들이 물러가고, 나라 밖으로 대적이 사라진다면 평안하게 된다. 하나님의 은혜가 임하면 사람이나 가정에, 국가에 평안의 복으로 나타난다.

오늘, 우리는 하나님의 함께 하심을 소원해야 한다. 참으로 하나님이 함께 하셔야 우리에게 승리가 있고, 영예도 있다. 하나님께서 대적을 물리쳐 주시고, 평안하게 해주심을 약속하셨다.

◉ 자신을 물리침

땅에 있는 지체를 죽이라

✱ 찬송_29, 422장   ✱ 성경_골 3:5-11

하나님께서 우리에게 바라시는 것은 하늘에 속한 사람의 삶이다.

사람이 거듭나는 것은 단번에 완성되는 단회적인 은혜이다. 옛사람이 새사람으로 바뀌어지는 과정은 신비로운 사건이다. 그러나 그것으로 구원이 완성되는 것이 아니고, 성화를 이루어야 한다.

믿기 전에 행하던 나쁜 습관들을 거절하고, 버리는 것을 가리킨다. 우리가 죽여야 할 부패한 소욕으로는 음란, 부정, 사욕, 악한 정욕, 탐심 등이 있다. 특히 음란을 우선적으로 죽여야 한다. 음란은 마귀가 사용하는 으뜸이 되는 수단 중의 하나이다.

이어서 탐심을 죽여야 한다. 탐심은 우상숭배라고 했는데, 탐심을 버리지 못하면 우리에게 금송아지를 만드는 죄를 짓게 한다. 이러한 것들을 죽이지 아니하고 몰래 행하면 하나님의 진노가 반드시 임한다.

우리가 이와 같이 땅의 지체를 죽이고, 또 믿기 전의 행위를 벗어버리는 것은 새사람을 입었기 때문이다. 새사람이란 잃어버린 하나님의 형상을 회복한 사람이다. 우리는 정말로 하늘의 사람으로 살기를 결단해야 한다. 땅에 있는 지체를 죽이고 살아가시기를 축복한다.

◉ 안일을 거절함

금 신상에 절하지 말라

✻ 찬송_71, 449장 ✻ 성경_단 3:13-18

어리석은 느부갓네살 왕은 자신의 금 신상이 완성되자, 그는 낙성식을 하면서 절을 하도록 하였다. 모든 이들이 절을 하는데, 사드락과 메삭과 아벳느고는 왕의 금 신상에 절하지 않았다. 그들은 바벨론의 지방을 다스리는 관리들이었음에도 왕의 신들을 섬기지도 않았던 것이다.

사드락과 메삭과 아벳느고가 금 신상에 절을 하지 않은 것을 바벨론의 어떤 사람이 느부갓네살에게 고자질하였다. 왕은 그들을 붙잡아다가, 이제라도 좋으니 금 신상에 절을 하라고 하였다. 사실, 바벨론의 관리로 있으면서 왕의 명령을 어긴 것은 왕을 무시하는 것으로도 비칠 수 있다. 그들은 죽음이 와도 거절하였다.

본문 17절에, "왕이여 우리가 섬기는 하나님이 계시다면 우리를 맹렬히 타는 풀무불 가운데에서 능히 건져내시겠고 왕의 손에서도 건져내시리이다." 그들의 하나님을 향한 신앙을 보여주는 고백이다. 사드락과 메삭과 아벳느고는 바벨론에 끌려오면서부터 하나님께서 그들을 건져내실 것을 믿었다.

믿음의 사람에게는 하나님께서 미워하시는 일을 절대 할 수 없다는 결단이 있어야 한다. 순간의 영화를 위해서 영원한 삶을 포기하지 말아야 한다. 신앙을 배반하지 않고 사시기를 축복한다.

가정 문제 심방
● 복음에 합당하게

부모들아, 자녀들아

✖ 찬송_24, 557장　● 성경_엡 6:1-4

　가정에 대한 하나님의 원리는 가정에서 하나님의 나라가 실현되는 것이다. 부모와 자녀의 관계 속에서 하나님의 사랑이 녹아들어야 한다.

　먼저, 부부 사이에 대한 권면의 말씀을 듣자. 부부의 의미는 둘이 한 몸을 이루는 것이다. 부부는 서로 한 몸이 되기 위하여 배우자에게 자신을 맞추어야 한다. 이것이 바로 성도의 가정에서만 볼 수 있는 신비이다. 아내는 남편에게 경외하는 마음을 갖고, 남편은 아내를 사랑하고, 그녀를 위해 자신을 내주어야 한다.

　이제, 부모의 자녀에 대한 권면의 말씀을 듣자. 부모는 자녀를 사랑하는 원칙으로 자녀들을 노엽게 하지 말고, 오직 주의 교양과 훈계로 양육해야 한다. 부모 자신의 기대와 감정으로 자녀를 학대하여 어려서부터 내면의 상처를 입게 하지 말아야 한다. 그리고 하나님의 말씀으로 가르쳐야 한다.

　끝으로, 자녀의 부모에 대한 권면의 말씀을 듣자. 자녀가 가정에서 첫째로 가져야 하는 자세는 부모를 공경함이다. 부모를 공경함은 자녀에게 있어서 거룩함이다. 자녀의 부모 공경을 하나님께서 받으시고, 땅에서 잘 되고 장수하는 복으로 응답해 주신다. 자녀는 부모를 공경함에서 하나님을 공경함으로 나아가게 된다.

◉ 부부 사이에 불화

거룩하게 세워져야 할 가정

✷ 찬송_427, 554장 ✷ 성경_시 127:1-5

　가정은 하나님이 인간에게 주신 선물이다. 하나님께서 공동체로 지으신 것이 가정이다. 하나님께서 아담에게 하와를 아내로 주심으로써 아담은 완전해졌다. 예수님께서 공생애를 시작하실 때, 첫 번째의 이적을 혼인 잔치 집에서 펼치셨음은 의미하는 바가 크다. 가정은 하나님을 아버지로 모시고 사는 천국의 모형이다.

　하나님께서 인생에게 복을 주실 때, 먼저 가정을 복되게 하신다. 사람이 하나님께로부터 복을 받을 때, 성읍과 들이 복이 내리는 곳이 된다. 이는 가정을 복되게 하신다는 것이다. 그렇다면, 오늘 우리는 나의 가정이 여호와 앞에서 복되도록 해야 한다. 여호와께서 보시기에 복을 주실 가정으로 회복시켜야 한다.

　자신이나 가정이 복되지 않기를 바라는 사람은 없다. 그러나 많은 이들이 복을 받지 못하고, 가정에서 복을 누리지 못한다. 그것은 여호와께서 세우시지 않았기 때문이다. 사철에 봄바람이 부는 것과 같은 가정을 이루려면 무엇보다도 하나님을 주인으로 섬기는 믿음이 그 가정의 기초가 되어야 한다.

　하나님은 우리를 성별해 주심과 같이 가정도 세상에서 구별해주신다. 우리는 가정을 통하여 아버지이신 하나님의 품에 안겨야 한다.

◉ 부모와 자녀의 불화

예수 안에서 지어져 가라

✖ 찬송_90, 144장 ✖ 성경_엡 2:19-22

　성도의 가정은 하나님의 기관이다. 가정에서 교회를 경험하고, 교회를 세워가는 은혜를 보아야 한다. 하나님의 자녀들이 부모와 자녀의 관계로 살아가는 가정은 교회이다.

　그러므로 가정에서 우리는 각자에 대하여 하나님의 권속으로 받아들여야 한다. 부모와 자녀의 관계 이전에 하나님의 자녀로 받아야 한다. 본문을 보니, 주님 안에서 건물마다 연결되어야 하고, 주님 안에서 성전이 되어 간다고 하였다.

　가정의 기초는 예수님이 되어야 한다. 예수님의 생각, 예수님의 말씀으로 가정을 서로 세워가야 한다. 부모와 자녀가 예수님을 믿는 신앙의 고백을 기초로 해서 반석의 가정을 만들어야 한다.

　하나님께서 가정을 주신 이유가 있다. 우리의 가정에 하나님이 머무시기 원한다는 사실이다. 하나님께서 계시는 가정이 복된 곳이다. 부모와 자녀들이 교회에서 직분을 받아 봉사하지만, 정작 가정에 하나님이 계시지 못한다면 성도의 가정이라 할 수 없다. 우리는 식구들이 함께 거룩한 처소로 만들어가야 한다.

　성경은 우리를 가리켜 성전이라 하였다. 부모와 자녀는 나의 성전 됨에 감사하고, 서로가 거룩한 처소로 지어져 가기를 사모해야 한다.

◉ 자녀들 사이에 불화

성령으로 화평을 누리자
� 찬송_469, 495장 � 성경_롬 5:1-11

한 부모를 갖고 지내는 형제에게는 사랑과 화목이 우선해야 한다. 그것이 서로를 더욱 사랑하도록 하고, 부모를 공경하는 방법이 된다.

세상의 모든 사람은 화평을 원한다. 그러나 진정한 화평은 어렵다. 진정한 화평은 인간이 힘으로 누릴 수 있는 것이 아니기 때문이다. 이것은 형제들 사이에서도 똑같이 나타나는 현상이다.

예수님은 화평케 하시려고 성육신 하셔서 화평의 제물이 되셨다. 이것은 우리를 사랑하시는 하나님의 약속의 성취요, 사랑의 확증이며 평화의 근거이다. 하나님의 사랑받아 누리는 자는 하나님을 사랑하고 이웃을 사랑하여 화평을 누린다.

예수님은 하나님의 화평을 누리는 유일한 길이시다(롬 5:1). 그리스도의 의를 덧입지 않고는 하나님의 평화를 누릴 수 없다(히 9:22-28). 죄악이 내 속에 있는 한 평안을 누릴 수 없다. 하나님의 은혜를 누리지 않고는 화평할 수 없다. 하나님은 물론 사람과도 화평할 수 없다.

화평은 하나님의 은혜 안에 들어간 사람에게 주어지는 은혜이다. 성령님께 충만해서 화평을 누리기를 결단하자. 서로 사랑하면서 화평을 도모해야 한다. 형제가 더불어 살게 하신 하나님의 의도에는 가정에서 화평하게 지내도록 하심에 있다.

4. 돌봄 심방 · **183**

◉ 식구들의 분노

몸의 행실을 죽이라
✖ 찬송_34, 418장 ✖ 성경_롬 8:11-17

　우리는 하나님께서 구원해 주시는 은혜의 빚을 졌다. 하나님께서는 우리를 값없이 은혜로 구원하셨다. 오직 주님의 십자가 공로로 우리를 죄에서 해방하시고 우리를 의롭다고 인정하시고 새 생명을 주셨다. 이것은 우리가 값으로 계산할 수 없는 큰 빚이다.

　가족의 구성원들이 서로 사랑으로 섬겨야 하는데, 부끄러운 삶에 자신을 내주지 말아야 할 것이다. 한 번 구원을 받아 의롭다 여기심을 받은 사람이 육신의 죄성을 따라 살면 반드시 죽는다. 의롭게 된 사람이 불의의 소욕에 따라 살면 부끄러운 죽음을 당하고 만다. 우리는 여호와 앞에서 부끄러운 삶을 살지 않으려고 기도하며 거룩한 삶을 지탱하려고 몸부림을 쳐야 한다.

　혹시라도, 이전에 즐기던 죄악된 행실이 있다면 오늘 이후로 버리겠다는 결단을 하라. 우리의 삶은 성령님의 충만함으로 말미암아 몸의 죄악된 행위들을 죽이는 삶이어야 한다. 그것이 성화의 삶이다. 성령님께서는 우리의 거룩함을 위해서 우리 안에 내재하신다.

　하나님께서 우리 가정을 통하여 천국을 세워 가시겠다는 사실에 집중해야 한다. 우리는 성령님의 감동하심에 순종하여 구원을 받기 이전의 죄악된 행실을 죽이도록 하자.

◉ 배우자의 불륜

말세의 현상-쾌락 사랑
�֍ 찬송_30, 425장 �֍ 성경_딤후 3:1-4

　남편과 아내가 된 이들이 존귀하게 여겨야할 관계가 부부이다. 이것은 두 사람에게 경건한 의무이다. 오늘날, 안타깝게도 부부의 관계를 더럽히는 현상들을 대하게 된다. 본문에서는 이것을 말세에 나타나는 특징이라 하였다. 쾌락을 따라 부부의 관계에 상처를 내는 것을 하나님께서 정죄하신다.

　부부는 배우자의 인격을 존중하여 자신의 몸을 경건하게 다스려야 한다. 배우자의 인격에 손상을 입히기거나 상처가 되는 행동에 주의를 기울여야 한다. 부부에 대한 애정과 신뢰로 자신의 책임을 다해야 한다. 배우자 외에 다른 대상을 통해서 성을 즐기려 해서는 안 된다.

　하나님께서 사람에게 성을 허락하신 것은 부부에게 주시는 즐거움이다. 만일, 남편이나 아내가 배우자에게서 성의 만족을 채우지 못한다 하여 다른 대상을 찾는다면 이미, 그 자체가 간음이다. 하나님께서 정하신 방법이 아닌 방법으로 성의 쾌락을 얻으려 하기 때문에 죄가 된다.

　부부는 성의 즐거움을 통해서 서로의 사랑을 풍성히 하게 된다. 성교가 주는 순간의 희락은 배우자와 함께 공유하는 기쁨이다. 그러므로 부부의 어느 한쪽에서 배우자가 아닌 상대와 성의 희락을 추구하려 해서는 안 된다. 하나님께서는 몸으로 짓는 죄를 묵과하지 않으신다.

◉ 불의에 가담한 가족

여호와의 명령을 지켜라

 찬송_71, 493장 ✖ 성경_왕상 2:1-4

하나님의 명령에 순종하는 삶이 자신의 행복을 보장해준다.

본문 1절에, "다윗이 죽을 날이 임박하매 그의 아들 솔로몬에게 명령하여 이르되." 해 아래에서 사람은 누구나 죽는다는 것을 보게 된다. 다윗의 이름이 위대하였고, 그의 왕국이 강성했을 때, 그는 영원할 것 같았다. 그러나 죽음의 형벌이 내려진 이후, 인생은 여호와의 특별한 섭리가 아니고는 죽음을 피할 수 없다.

본문 2절에, "내가 이제 세상 모든 사람이 가는 길로 가게 되었노니 너는 힘써 대장부가 되고." 다윗은 자신의 죽음을 받아들이면서 솔로몬에게 힘써 대장부가 되라고 권고하였다. 그가 죽음을 받아들임은 여호와 앞에서 겸손한 마음을 보여준다. 그는 자신의 시간을 마감하면서 솔로몬에게 모든 것을 넘기었다.

본문 3절에, "네 하나님 여호와의 명령을 지켜 그 길로 행하여 그 법률과 계명과 율례와 증거를 모세의 율법에 기록된 대로 지키라." 다윗은 자신이 하나님을 사랑하고, 여호와의 말씀에 순종했듯이 아들도 그렇게 살기를 바랐다.

인생의 길에서 하나님의 말씀에서 떠나지 않기를 축복한다. 그러면 이제라도 하나님께서 지켜주시고, 어려움에서 보호해주실 것이다.

◉ 빚을 져서 도피 중

손 그늘로 덮어주시는 여호와

✖ 찬송_24, 419장 ✖ 성경_사 51:12-16

본문에서는 우리를 향하신 하나님의 사랑을 이스라엘 백성들에 의해 보여주고 있다. 이스라엘의 죄가 하나님의 심판을 초래했으나, 하나님께서 그들을 위로하신다고 약속하셨다. 그래서 한때는 황폐한 곳을 만들었지만, 기쁨과 즐거움으로 감사하는 노래를 부르게 하신다.

하나님은 언제나 택한 자에게 충성과 진실을 보기 위해서 어려운 시련을 허락하신다. 그러나 믿음의 인내로 시련을 통과시킨 후에 복을 주시고 창성케 하신다. 아브라함도 여러 모양으로 시련을 거쳤는데, 인내의 끝에 하나님의 인정하심을 받았다.

하나님께서 자기 백성에게 언약하신 복을 이루어 주심에는 언제나 시련의 코스가 있다. 이 시련은 하나님의 복을 구하게 여기도록 하시는 은혜이다. 받는 우리에게 시련이 있다.

자기 백성을 위로하시고, 소망을 주시는 복은 죄를 뛰어넘어 우리에게 임한다. 그러므로 우리는 소망의 하나님을 바라볼 수 있어야 한다. 죄의 형벌은 잠시 곤고하게 하고, 황폐하게 한다. 그것을 참고 견디면 위로해 주시고 복을 내리신다.

자기 백성에게는 곤고한 중에라도 그늘을 펴서 덮어주시는 하나님이시다. 시련의 기간을 보낼 때, 인내하시기를 축복한다.

◉ 재판을 받는 가족

우리를 위한 여호와의 긍휼

✳ 찬송_37, 426장 ✳ 성경_시 103:8-13

　본문의 말씀을 통해 하나님은 자기를 경외하는 자들에게 하늘과 같이 크신 자비로 덮어 주시는 분이심을 깨닫게 된다. 거룩한 백성에 대한 하나님의 자비는 하늘처럼 높고, 바다보다 더 넓다. 하나님은 항상 거역하는 백성들을 항상 용서하고 그 죄를 덮어주신다.

　우리는 하나님께서 우리의 죄를 책망하셨으나 그 후에는 죄를 용서하여 죄가 없었던 것처럼 멀리 치워버리셨다. 우리 모두 죄 용서의 은혜를 받았다. 하나님은 우리의 죄를 가장 먼 곳, 즉 동쪽 끝에서 서쪽 끝으로 치워주셨다. 하나님은 다윗의 죄를 징계하신 후에 그를 용서하여 다시 그의 영광을 회복시켜 주셨다.

　이제, 우리는 하나님의 사랑은 아버지가 자녀를 사랑함처럼 크고 위대하심을 고백해야 할 것이다. 아버지는 자녀들이 잘못을 해도 그 죄를 뉘우치고 용서를 빌면 즉시 용서해 준다. 하나님의 이 사랑은 무조건적으로 주어지는 사랑이다.

　왜 하나님은 우리에게 끝없이 자비로 대해 주시는가? 그것은 바로 하나님께서 우리의 연약함을 잘 알고 계시기 때문이다. 하나님은 우리가 티끌로 된 연약한 존재임을 잘 아신다. 우리를 위한 여호와의 긍휼에 감격하고, 감사하는 식구들이 되시기를 소망한다.

◉ 교도소에의 수감

두려움이 되시는 하나님

✖ 찬송_31, 437장 ✖ 성경_마 10:28-33

　본문의 말씀은 우리가 무엇을 두려워해야 하는지를 가르쳐 준다. 세상의 권세를 가진 사람은 그의 손에 들려있는 무기를 가지고 사람을 죽일 수 있다. 이때, 몸은 죽여도 영혼은 죽일 수 없다. 그러나 하나님은 사람의 몸뿐 아니라 영혼까지도 지옥에 멸하실 수 있다.

　사람들의 위협을 두려워하지 말고, 오직 하나님을 두려워해야 한다. 하나님은 모든 인생이 참으로 두려워해야 할 분이시다. 몸의 죽음은 사람의 진정한 종말이 아니다. 사람에게는 불멸적인 영혼이 있고, 그 영혼은 하나님의 심판대 앞에서 선악간의 최종적 판결을 기다린다.

　지극히 보잘것없는 가치를 가진 참새 한 마리도 하나님께서 허락하지 아니하시면 땅에 떨어지지 않는다. 하물며 많은 참새보다 귀한 인생의 생명이 하나님의 허락 없이 죽겠는가. 우리의 생명은 그 머리털까지도 다 세신 바 되었다. 만일 하나님이 허락하셔서 그가 죽는 것이면 그것을 거절해서는 안 될 것이다.

　이와 같이, 세상에서 하나님의 뜻 밖에 발생하는 일이란 아무 것도 없다. 그러므로 하나님의 자녀들은 범사에 그를 인정하고 그가 하시는 일에 감사히 순응해야 하며, 그가 우리를 위해 최선의 길을 준비하신다는 사실을 믿어야 한다.

◉ 시가와의 갈등

하나님의 은혜 안에서-나오미와 룻

✖ 찬송_39, 451장 ✖ 성경_룻 1:15-18

시어머니와 며느리의 관계에서 아름다운 정을 보여주는 모습이 나오미와 룻의 관계이다. 이들의 관계는 오늘, 고부관계에 교훈을 준다.

베들레헴에 흉년이 들어 모압으로 가서 살던 나오미는 남편과 두 명의 아들이 죽어 장례를 치렀다. 나오미에게 모압은 더 이상 머무를 땅이 되지 못하였다. 베들레헴에 흉년이 그치자, 나오미는 고향으로 돌아가고자 하여, 이방에서 얻은 며느리들을 친정으로 돌려보내려 하였다.

나오미는 남편과 아들들을 잃고 고향으로 돌아가려는 자신이 몹시 슬펐다. 모압 여자 오르바는 나오미의 설득에 고향에 남기로 하고 시어머니를 떠났다. 그러나 룻은 시어머니를 떠나지 않겠다고 하였다. "어머니께서 가시는 곳에 나도 가고 어머니께서 머무시는 곳에서 나도 머물겠나이다". 룻은 시머어니를 떠나지 않으려 결심하였다.

룻은 시어머니의 하나님을 선택하였다. 그녀가 말한다. "어머니의 백성이 나의 백성이 되고 어머니의 하나님이 나의 하나님이 되시리니". 룻은 시어머니의 하나님을 자기의 하나님으로 선택할 것을 결심하였다. 룻은 나오미에 대하여 혈통적인 인연보다 영적인 인연을 선택하였다. 자신의 삶에 하나님을 선택한 것이다.

◉ 처가와의 갈등

네 부모를 공경하라

✻ 찬송_19, 555장 ✻ 성경_출 20:12

하나님께서 사람에게 주신 부부관계 다음은 부모와 자녀의 관계이다. 자녀에게 있어서 부모는 그의 근본이고, 그에게 존경과 권위의 대상이다. 자녀의 힘은 부모에게서 나오므로 만일 부모가 자녀에게 권위가 없으며 존경을 받지 못한다면, 그만큼 자녀는 불행하다.

부모가 계시기에 자녀가 이 땅에서 살아간다. 때로 사람은 어리석어 부모가 죽은 후에야 그 소중함을 깨닫는다. 부모는 내가 선택하지 않고, 하나님께서 예비해 주셨다는 사실에서 자녀는 부모의 위치를 침범해서는 안 된다. 그것은 하나님이 세우신 질서이다. 자녀는 부모에게 여호와의 주신 기업으로서의 역할을 지켜야 한다.

부모를 공경하라는 하나님의 명령에는 이 땅에서 잘 되고 장수할 것이 약속되어 있다. "네 아버지와 어머니를 공경하라 이것은 약속이 있는 첫 계명이니 이로써 네가 잘되고 땅에서 장수하리라"(엡 6:2-3). 부모를 공경하지 않는 사람은 아무리 잘 살아도 성공했다고 할 수 없다.

부모는 누구인가? 하나님께서 자기의 어린 백성들을 키우시기 위해서 세우신 양육자이다. 우리는 부모를 대할 때, 하나님을 대하듯 해야 한다. 부모를 공경하여 하나님께 이르시기를 축복한다.

◉ 이혼을 하게 됨

나의 진정한 도움
✳ 찬송_420, 433장 ✳ 성경_시 121:1-8

　하나님께서 짝 지어주신 것을 사람이 나누어서는 안 된다고 하셨지만, 이혼을 할 수밖에 없게 되셨으니 하나님의 위로가 있기를 간구한다. 이 시간에 낙심하지 말기를 축복한다. 천지를 지으신 여호와께서 우리의 도움이시다. 도움을 찾고 청하는 자에게 도움이 되어 주신다.

　사람은 저마다 추구하며 나아간다. 그러나 자신들의 길에서 치우쳐 실족하게 된다. 하나님을 사랑하라. 그리고 하나님을 의지하라. 그리하면 지키시리라. 내 인생을 좌로나 우로나 치우치지 않게 하는 안내자가 있다면 얼마나 좋을까?

　하나님께서는 졸지도 않고 주무시지도 않고 내 인생을 안내하여 주신다. 이스라엘 곧 자기 백성과 자기 자녀들에게 은혜와 사랑을 베풀어 주신다. 지키시고 보호하여 주시며, 붙들어 주시고 인도해 주신다.

　하나님은 내 우편에서 그늘이 되어 주신다. 그 사랑의 보호막은 하나님의 오른편이다. 더욱이 나의 환난을 면하게 하시며 또 내 영혼을 지켜 주신다. 그러므로 하나님의 인도와 보호하심의 그늘 아래 거하여야 한다.

　하나님은 하나님을 사랑하는 자의 출입을 지금부터 영원까지 지켜주신다. 보호하시고 인도해주시며, 함께 하여 주시고 붙들어 주신다.

주택 심방
◉ 이사─늘여감

시온에서 복을 주시는 여호와
✱ 찬송_32, 447장 ✱ 성경_시 128:1-6

하나님께서는 여호와를 경외하는 자들에게 시온에게 복을 주신다. 시온은 하나님께서 계시는 성전이 있는 곳이다. 본문의 말씀으로 하나님께서는 여호와를 경외하는 자에게 그가 받을 복에 대하여 약속하셨다.

첫째, 손이 수고한 대로 먹는다. 자신이 땀 흘려 수고한 그 이상의 풍성한 소득을 복으로 받게 된다. 이 약속은 여호와의 도를 행하지 않는 자는 손으로 수고하여도 먹지 못하게 된다는 것을 전제로 한다. 사람이 만일 하나님의 계명을 지키지 않으면 그 씨 뿌리는 수고가 헛될 것이다.

둘째, 사는 날 동안 예루살렘의 번영을 본다. 그 복은 일시적인 것이 아니라 영원한 복이 될 것이다. 예루살렘이 번영하다는 것은 하나님께서 그 나라에 평화를 주시고 안전하게 지켜주신다는 것을 의미한다. 하나님께서는 지금도 성도들로 인해서 나라와 교회에 복을 주신다.

셋째, 자식의 자식을 보게 하신다. "자식의 자식을 본다"는 말은 부모의 장수와 후손의 번영을 의미하는 말이다. 여호와를 경외하는 사람은 장수하며 또한 자손이 잘되는 복을 누릴 것이다. 하나님께서는 자기를 경외하는 이 가정에 형통하는 복을 주신다. 좋은 집을 주신 하나님께 이 집을 성소로 돌려드리는 은혜가 넘치시기를 축복한다.

◉ 이사-줄여감

고통의 소리를 들으시는 하나님

✱ 찬송_37, 435장 ✱ 성경_출 2:23-25

　이스라엘 백성이 애굽 왕이 죽고 나면 고통이 끝날 줄 알았는데, 오히려 고역이 더 심해졌다. 하나님께서는 이스라엘 백성을 연단시키셨다.

　이스라엘 백성이 고된 노동으로 말미암아 부르짖었다. 23절에, "이스라엘 자손은 고된 노동으로 말미암아 탄식하며 부르짖으니… 하나님께 상달한지라"고 했다. 그들이 고된 노동으로 말미암아 부르짖었다는 것은 이전에는 부르짖지 않았다는 뜻이다. 하나님께서는 우리의 고통당하는 소리, 억울한 울음소리, 눌린 자의 신음소리를 들으신다.

　하나님께서는 고통의 소리를 들으신다. 24절에, "하나님이 그들의 고통 소리를 들으시고"라고 했다. 고난을 당하는 것은 유익하다. 시편 119:71에, "고난 당한 것이 내게 유익이라 이로 말미암아 내가 주의 율례를 배우게 되었나이다"라고 했다. 고통을 당할 때 하나님께서 우리의 고통을 함께 느끼고 계시며 아픔을 같이 느끼신다.

　본문 25절에, "이스라엘 자손을 돌보셨고 하나님이 그들을 기억하셨더라"고 했다. 하나님께서는 아브라함과 그 후손에게 세운 언약을 기억하셨다. 출애굽기 6:5에, "이제 애굽 사람이 종으로 삼은 이스라엘 자손의 신음 소리를 내가 듣고 나의 언약을 기억하노라"고 하였다. 이 가정이 고통으로 하나님을 만나고, 고통이 축복의 통로가 되기를 축복한다.

◉ 주택의 구입

산 제물로 드리라
✖ 찬송_34, 487장 ✖ 성경_롬 12:1-8

　그리스도인은 예수님과 함께 죽고 예수님과 함께 산 자이다. 그러므로 산 제물로 드리고 영적 예배를 드려야 한다. 그 제사를 원하신다.

　거룩한 몸을 드려야 한다. 거룩함은 구별을 말한다. 구별된 몸을 드리는 것이 산 제물이요 영적 예배이다. 성도는 예수님과 함께 죽고 그와 함께 산 몸이다. 곧 죄의 몸은 죽고 의의 몸이 산 몸이다. 그러므로 나의 몸은 오직 예수님이어야 한다.

　하나님의 뜻을 분별해야 한다. 하나님의 뜻을 분별하는 것은 이 세대를 본받지 말아야 한다는 것이다. 곧 악하고 음란한 세대를 본받지 말아야 한다. 그 이유는 그리스도인이기 때문이다. 나아가 새 마음으로 변화되어야 한다. 곧 끊임없이 그리스도의 형상을 닮아가야 한다.

　그리스도인의 생활의 터전은 교회요, 그 임무는 성도를 온전하게 하며, 봉사의 일을 하게 하고, 그리스도의 몸(교회)을 바로 세우는 것이다(엡 4:12). 하나님은 이를 위하여 그 기쁘신 뜻대로 각종 은사를 주셨다. 우리가 이 은사를 선용하려면 다음의 세 가지를 명심해야 한다. 내게 주신 은사가 무엇인가를 바로 알고, 지혜롭게 생각하며, 우리 각자의 은사의 분량대로 질서 있게 선용하여 하나님께 드림이 되기를 소망하자.

◉ 주택의 신축

거룩한 생활

✤ 찬송_212, 507장 ✤ 성경_벧전 1:21-23

　성도는 이 세상에서 살지만 천국에 속한 사람들이다. 저 세상 천국의 사람들이다. 그러므로 이 세상 사람들과는 달리 구별된 삶을 해야 한다. 곧 거룩한 생활을 해야 한다. 거룩한 생활이 무엇인가?
　믿음과 소망이 하나님께 있는 삶이다. 우리는 전능하신 하나님, 천지를 만드신 하나님, 유일하신 하나님, 아버지 되신 하나님을 믿는다. 예수 그리스도로 말미암아 믿는다. 그리스도인의 신앙은 그리스도를 통해서만 이루어진다.
　그 신앙 속에 인간의 궁극적인 소망이 또한 함께 있다. 예수님의 부활과 승천은 모든 그리스도인들에게 하나님께 대한 영원한 믿음의 원천이며 소망의 근거이다.
　이어서 진리에 순종하는 삶이다. 그것은 삶의 규범인 말씀을 따르는 삶을 가리킨다. 그리스도인의 삶의 유일한 규범은 하나님의 말씀인 성경이다. 따라서 이 말씀을 따라 사는 사람이 진리를 순종하는 사람이다. 우리는 진리이신 그리스도를 본받아 살아야 한다.
　이때, 비로소 진리의 영이신 성령을 따라 살아가게 된다. 이렇게 사는 삶은 하나님께서 받으실 만한 모습이 된다. 성령님께서는 우리를 진리로 가르쳐 주시고 인도하여 주신다.

◉ 주택의 중·개축

신속히 날아가는 인생의 연수

✶ 찬송_33, 411장 ✶ 성경_시 90:10-12

우리는 본문에서 영원하신 하나님과 연약한 인간에 대한 교훈을 대하게 된다. 인간에게 그의 영화나 부귀와는 상관이 없이 산다는 것 자체가 수고요 슬픔뿐이라는 것을 깨닫게 한다.

하나님께서 은혜를 베푸셔서 집을 새로 고치게 되었다. 이 집은 우리를 위하시는 하나님의 선물이다. 오늘, 생각할 것은 하나님 앞에서 사는 것에 주목해야 한다는 것이다.

그러므로 우리는 "우리 날 계수함을 가르치사"라는 간구를 해야 한다. 이와 같은 간구는 인생의 덧없음 그리고 짧음을 깊이 숙고하고 인생이 얼마나 보잘것없는 존재인가를 배우게 해달라는 요청이다.

이어서 또 하나의 간구를 해야 한다. 그것은 "지혜로운 마음을 얻게 하소서"라는 기도이다. 인생의 허망함과 짧음을 깨달은 자는 영원을 사모하게 되고, 결국 하나님의 품 안에서 자족함을 누리고자 하는 바, 이것이 곧 지혜다.

우리는 추수 때에 땅의 열매를 거두는 것처럼 하나님께서 주시는 지혜를 얻도록 해야 한다. 이 지혜로운 마음은 하나님께로부터 비롯되기 때문에, 지혜롭기를 원하는 자는 매순간 범사에 하나님의 뜻을 간구하며 살아야 한다. 인생의 시간을 생각하면서 지내야 한다.

5. 위로 심방

사고(위기) 심방 / 200

졸지에 당한 환란/ 중대 질병의 진단/ 가족 중에서 자살/ 갑자기 당한 재난/ 교통사고를 당함/ 어려움에 휘말림/ 재물을 잃게 됨/ 갑자기 잃은 일터/ 직장에서의 사직/ 직장의 은퇴

환자(병자) 심방 / 210

응급 환자/ 어린이 환자/ 젊은이 환자/ 노인 환자/ 단기 입원 환자/ 장기 입원 환자/ 환자의 수술/ 수술 후의 회복기/ 불치병의 환자/ 시한부의 환자/ 병원에서의 퇴원

상례(상가) 심방 / 221

임종—부모의 사망/ 임종—배우자의 사망/ 임종—자녀의 사망/ 상중(상가) 위로/ 장례 이후/ 추모

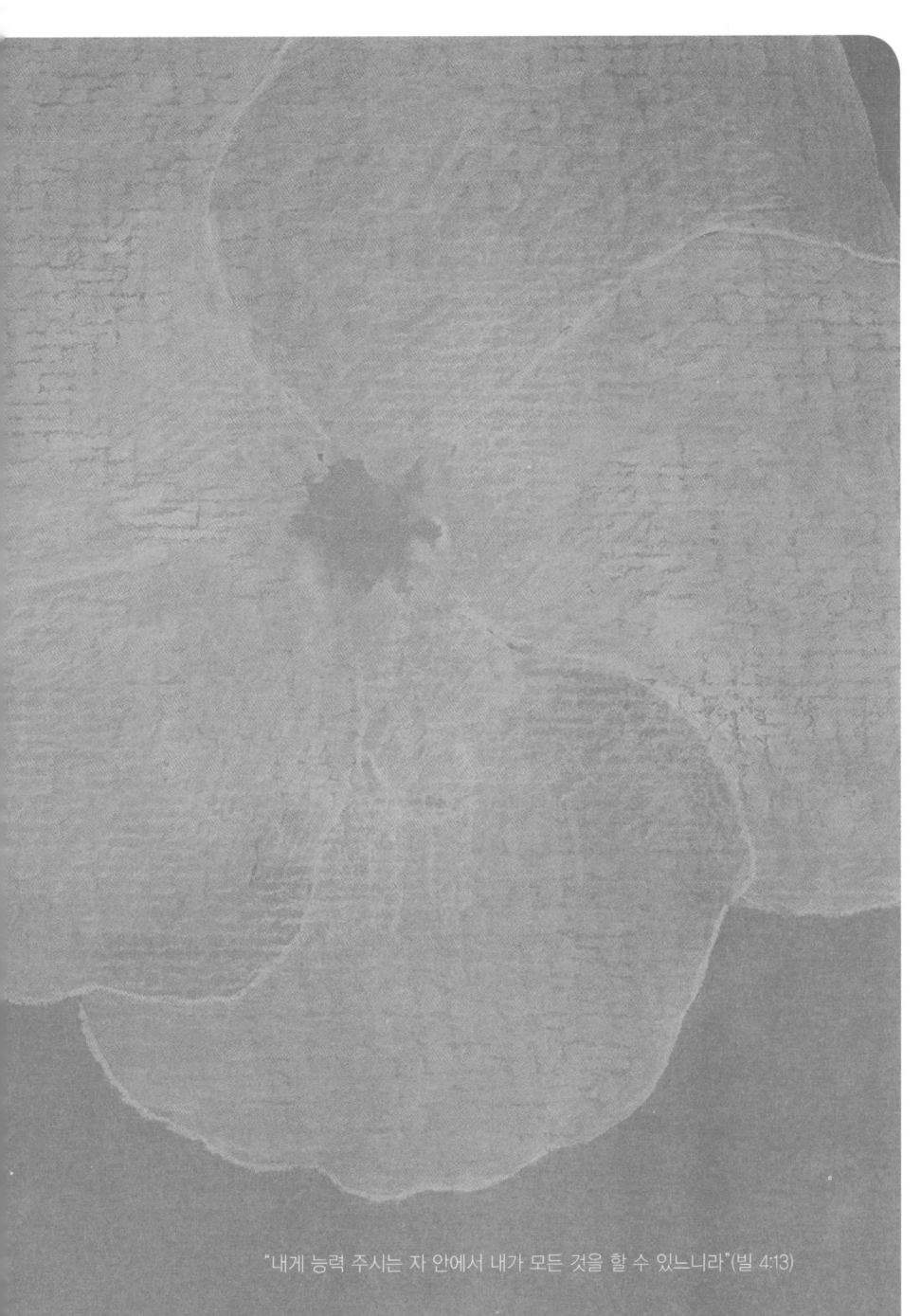

"내게 능력 주시는 자 안에서 내가 모든 것을 할 수 있느니라"(빌 4:13)

사고(위기) 심방
◉ 졸지에 당한 환란

주의 은총을 입은 자
✽ 찬송_23, 419장   ✽ 성경_출 33:11-19

모세는 이스라엘 백성 2백만 명을 이끌고 나올 때 많은 고통과 어려움이 있었다. 그러나 기도로 하나님의 은총을 입어 잘 인도해내었다.

14절에, "여호와께서 이르시되 내가 친히 가리라"고 했다. 친히 가리라는 말씀은 '동행한다, 함께 한다'는 뜻이다. 왜 함께 해 주시는가? 우리가 하나님의 백성이기 때문이다.

14절에 "내가 너를 쉬게 하리라"고 했다. 예수님께서도, "평안을 너희에게 끼치노니 곧 나의 평안을 너희에게 주노라"(요 14:17)고 하셨다. 문제는 기뻐할 일이 없는데 어떻게 기뻐하느냐 하는 것이다. 그러나 주님께로 나오면 나에게 베풀어주시는 은혜를 받게 되고, 주 안에 있으면 평안하고 기쁘하게 된다.

은혜를 주신다고 약속하셨다. 어떤 사람이 되어야 하나님의 약속을 받을까? 은혜를 사모하는 자에게 주신다. 목마른 사슴이 물을 찾기에 갈급함 같이 주를 찾기에 갈급한 자에게 주시는 것이다. 그리고 감사하는 자에게 은혜를 주신다. 우리에게는 구원 받은 것, 응답 주신 것, 살려주신 것 등 감사할 조건이 많이 있다.

지금의 고통스런 상황에 낙심하지 말고, 받은 은혜에 감사하며 살아가는 복된 삶이 되시기를 축복한다.

◉ 중대 질병의 진단

내일을 기다리라
✱ 찬송_24, 418장 ✱ 성경_수 7:6-13

　이스라엘 백성은 비록 영적인 것은 얻었지만 낮은 차원의 것은 잃은 데 대한 갈등과 고민이 있었다. 광야생활을 육체적으로 볼 때는 차라리 애굽의 생활만도 못한 것이었다. 여기에서 그들은 모세를 원망하고, 하나님께 불평하였다. 신령한 것, 영적인 것은 얻었지만, 물질적인 것은 얻지 못했다.

　하나님께서 승리하도록 기회를 주셔서 말씀을 믿고 전진하였다. 그들은 하나님께서 그들이 밟는 대로 땅을 주실 것이라는 약속을 믿었다. 여호수아는 60만 대군을 이끌고 요단강을 건넜고, 여리고성은 하나님의 명령과 작전 계획에 따라 나팔을 불며, 7일간 성을 돈 것 밖에는 없는데도 성은 무너지고 이스라엘은 크게 승리했다.

　11-13절에, "이스라엘이 범죄하여 내가 그들에게 명한 나의 언약을 어겼으며…너는 일어나서 백성을 거룩하게 하여 이르기를 너희는 내일을 위하여 스스로 거룩하게 하라"고 했다. 그들에게 무슨 죄가 있었기 때문에 패전했는가? 아간이라는 사람이 외투 한 벌, 은 200세겔, 50세겔의 금덩이 하나를 땅 속에 감추어 묻어 두므로 하나님의 명령을 어겼기 때문이다.

　하나님의 말씀을 어기면 그때부터 거룩함을 상실하게 된다. 하나님 앞에서 성결에 주목함으로써 내일을 기다리시기를 축복한다.

◉ 가족 중에서 자살

하나님의 입으로부터 나오는 말씀으로

✽ 찬송_25, 417장 ✽ 성경_마 4:1-11

어떻게 말을 해야 좋을지, 안타깝기만 한 이 가정을 위하여 기도한다.

예수님은 공생애를 시작하시기 전에 마귀에게 시험을 받으셨다. 광야에서 40일을 금식하며 기도하셨기에 주리신 예수님에게 마귀가 다가와 시험하였다. 마귀는 주님을 세 번이나 시험하였다.

-이 돌들로 떡덩이가 되게 하라.
-네가 만일 하나님의 아들이어든 뛰어내리라.
-내게 엎드려 경배하면 이 모든 것을 네게 주리라.

마귀는 예수님을 시험하면서, 주님이 하나님의 아들이심을 알고 있었다. 그래서 그는 그것으로 예수님을 유혹했던 것이다. 마귀의 시험은 굶주리신 예수님을 유혹할 만한 것이었다.

그러나 예수님께서는 마귀가 시험해 올 때마다, 그의 유혹을 정면으로 대응하는 하나님의 말씀으로 물리치셨다. 예수님께서는 마귀가 시험에 올 때마다 하나님의 말씀을 인용해 그를 반박하셨다. 결국, 마귀는 자기의 뜻을 이루지 못하고 물러갔고, 천사들이 예수님을 수종 들었다.

주님께서 마귀의 시험을 물리치실 때, 하나님의 말씀을 사용하셨다. 주님은 하나님의 말씀으로 답변할 입을 갖고 계셨다. 비진리의 소리가 시끄러울 때, 우리는 진리를 찾아야 한다.

갑자기 당한 재난

은혜를 귀한 줄로 아는 사람

�֎ 찬송_26, 416장 �֎ 성경_창 32:1–12

사람들은 곤경에 닥치면 급속도로 혼란에 빠지고, 두려워한다. 느닷없는 어려움에서 어떻게 초조함을 다스릴까?

하나님의 은혜를 깨달을 때이다. 9절에, "내가 네게 은혜를 베풀리라 하셨나이다"라고 하였다. 야곱은 인간적으로 수단과 방법을 다해 형 에서의 마음을 사려고 했으나 자신의 힘으로는 안 된다는 것을 깨달았다. 오직 하나님의 힘과 하나님의 은혜로만 가능한 것을 깨달은 것이다. 이러한 은혜를 받으려면 성경을 상고하고 기도해야 한다.

하나님의 은혜를 받고 난 후에 변화되었다. 야곱은 하나님을 만나고 나서 세 가지의 은혜를 받았다. ① "네가 누운 땅을 너에게 주리라." ② "너와 함께 하고, 너를 떠나지 않고, 너를 지켜 주리라." ③ "너를 이 땅으로 돌아오게 하리라." 그는 염려 대신에 하나님께 은혜에 대한 응답의 삶을 살았다.

하나님의 은혜가 충만해야 변화된 삶을 산다. 은혜가 충만해지면 감정을 드러내는 말을 아끼게 된다. 하나님의 일하심을 기다리며 인내하게 된다. 원수에게까지 축복한다. 야곱은 바로에게 축복하였다.

우리도 야곱처럼 말을 아끼고, 인내하고, 남에게 복을 비는 성도가 되어야 한다. 어려움을 만나게 하시며, 그것을 통과하게 하신다.

◉ 교통사고를 당함

티끌과 재 가운데에서

✖ 찬송_64, 380장 ✖ 성경_욥 42:10-15

　오늘, 우리가 먼저 생각할 것은 기도하게 하시는 하나님이시다. 까닭 없이 고난을 당하면서 말할 수 없는 고난을 겪은 욥에게 하나님의 은혜는 기도로 나타났다. 그가 고난을 겪고 있을 때, 친구들은 위로하기보다는 그를 나무라고, 괴롭혔다. 그러나 회개 이후에 임한 하나님의 은혜는 욥에게 친구들을 위해서 무릎을 꿇게 하셨다.
　우리가 감당하기 어려울 때, 이 곤경을 돌이키시는 하나님을 바라보자. 친구들을 위해서 기도한 욥에게 하나님의 응답이 나타났다. 그의 기도를 들으신 여호와께서 어떻게 응답하셨는가? 욥에게 이전의 모든 소유보다 갑절이나 주셨다고 하였다. 사람이 기도하는 시간에 하나님은 응답하신다. 기도는 곤경을 하나님께서 돌이키시는 열쇠가 된다.
　하나님께서는 그를 소망할 때, 더 복을 주신다. 고난을 겪으면서 흠이 없는 하나님의 사람으로 다듬어지면서 욥이 받은 복은 처음의 복과 비교할 수 없다.
　욥의 이러한 경험은 오늘날 나의 것이 될 수 있다. 욥의 하나님이 나의 하나님이시므로 내게도 슬픔이 변하여 기쁨이 되게 하신다. 탄식의 눈물을 웃음으로 바꾸어 주신다.

◉ 어려움에 휘말림

들어와도 복, 나가도 복

✸ 찬송_28, 415장 ✸ 성경_신 28:1-6

　본문에서는 "네 하나님 여호와의 말씀을 삼가 듣고"라고 했다. 하나님의 말씀을 듣는 것이 행복의 조건이다. 하나님의 말씀을 들어야 한다.
　오늘, 우리 모두가 하나님의 음성 듣기를 사모하기 원한다. 여기에 우리의 삶을 행복의 길로 인도하는 지침이 있다. 그래서 시편 기자는 "주의 말씀은 내 발에 등이요 내 길에 빛이니이다"(시 119:105)라고 고백하였다.
　성경의 역사는 이스라엘 공동체가 여호와의 말씀에 순종했을 때, 복을 누렸음을 전해준다. 여호와의 말씀에 순종하면 성읍에서, 들에서, 집에서 복을 누린다. 그리하여 일용할 양식이 끊어지지 않을 것이며, 떡 반죽 그릇도 복을 누린다.
　하나님은 세상 나라의 하나님이 아니시고, 오직 이스라엘의 하나님이시다. 그리고 자기 백성에게는 나가도 들어와도 복을 누리게 하신다고 하셨다. 그러니까 모든 일에서 이스라엘 공동체에게 복을 약속하셨다. 이제, 이 자리에 모이신 가족들이 여호와 말씀에 순종만 하면 복을 누리실 것이다.
　여호와 말씀에 순종함으로써 주어지는 복으로 사는 우리들이 되자. 우리가 평생에 기도해야 될 것은 이 가정의 권속들이 들어와도 복, 나가도 복을 받기를 원하심이다. 여호와께 순종하시기를 축복한다.

⊙ 재물을 잃게 됨

넉넉하게 채워 주시는 하나님

✱ 찬송_19, 295장 ✱ 성경_빌 4:15-20

　바울이 말할 수 없는 고난을 당하였으나, 하나님께서는 그가 고난 속에서도 기쁨을 누리게 하셨다. 사도는 이 기쁨을 빌립보 교회의 성도들에게 나누어 주기를 원하였다. 그는 그들에게 또 다른 기쁨을 이야기했는데, 그것은 성도들의 사랑으로 말미암아 얻은 기쁨이다. 빌립보 교회의 성도들은 바울에게 기쁨이었다.

　바울은 전도자로서 세상의 쓴맛과 단맛을 다 맛보고 지냈다. 비천, 풍부, 배부름, 궁핍의 모든 상황을 체험했다. 그러나 그는 비천, 배고픔의 상황에서 비굴해지지도 않았고, 풍부, 배부름의 상황에서 교만해지지 않았다. 그는 그러한 상황과 관계없이 "내게 능력 주시는 자 안에서 내가 모든 것을 할 수 있느니라"(빌 4:13)는 삶을 살았다.

　빌립보 교회의 성도들이 에바브로디도를 통하여 그에게 선물을 보내 주었을 때, 감사하였다. 본문에, "이는 받으실 만한 향기로운 제물이요 하나님을 기쁘시게 한 것"이라고 하였다. 그는 그 선물을 받고, 그들에게 축복 기도를 해주었다. 우리는 주 안에서 서로에 대하여 감사해야 한다.

　아버지는 자녀를 사랑하기에, 자녀에게 유익한 것은 무엇이든지 주고자 한다. 성도는 삶에서 경험하는 고난을 통해 더욱 하나님을 배운다.

◉ 갑자기 잃은 일터

버리지 않으시는 하나님
✖ 찬송_29, 406장 ✖ 성경_호 11:8-9

　하나님께서는 우리 가운데 거하시며, 우리와 함께 하신다. 자녀를 사랑하는 아버지는 늘 자녀의 곁에서 그를 지키고 보호해준다. 우리를 향한 하나님의 사랑은 아버지의 사랑이시다. 우리는 자신의 일에 분주해서 하나님의 계심을 잊고 지낼지라도, 하나님께서는 눈동자와 같이 우리를 지키시고, 보호해주신다.

　하나님은 거룩하시다. 하나님의 거룩하심은 어느 누구도 절대 흉내를 낼 수 없는 절대 거룩하심이다. 하나님께서는 우리에게 "내가 거룩하니 너희도 거룩하라"라고 하셨다. 우리는 하나님의 자녀로서 거룩해야 한다. 그러므로 하나님을 닮아 자신을 거룩히 하도록 행실을 삼가며, 힘써야 한다.

　본문에서 9절을 보니, "진노함으로 네게 임하지 아니하리라"라고 하셨다. 하나님은 진노와 벌을 내리시고, 한편으로는 용서와 긍휼을 베푸신다. 이 말씀은 자기 백성들에게 하신 약속으로 꼭 지키실 것이다. 하나님께서는 죄악의 세상을 심판하실 때, 자기의 백성들을 지켜 주신다. 하나님의 자비하심에 찬양을 드려야 한다.

　세상의 유혹에 넘어지는 까닭은 하나님께로부터 내가 멀어지려 하기 때문이다. 하나님은 나를 떠나지 않으시며, 나와 함께 하신다.

◉ 직장에서의 사직

강도 만난 자의 이웃

✖ 찬송_31, 410장 ✖ 성경_눅 10:25-37

　준비도 없이 사직을 하게 되신 ㅇㅇㅇ님을 사랑하시는 하나님이시다.

　어떤 율법교사가 예수님을 시험하려고, 영생을 얻는 방법에 대하여 여쭈면서, "내 이웃이 누구냐"고 물었다. 그 질문에, 주님께서는 길을 가다가 강도를 만난 사람의 이야기를 하셨다.

　한 사람이 예루살렘에서 길이 험하여 나그네에게 두려움을 주기도 하는 길을 지나, 여리고로 가다가 강도를 만났다. 강도들은 그 사람의 옷을 벗기고 때려 거의 죽게 된 것을 버리고 갔다. 그때, 한 제사장이 그 길로 가다가 죽게 된 사람을 보았으나 그냥 가버렸다. 한 레위인도 그를 보았으나 지나쳐 갔다.

　한 사마리아인이 지나다가 그를 보고 불쌍히 여겼다. 그는 자신의 기름과 포도주를 그 상처에 붓고 싸매고 자기 짐승에 태워 주막으로 데리고 가서 돌보아 주었다. 이튿날에 데나리온 둘을 내어 주막 주인에게 주며 이 사람을 돌보아 주라 비용이 더 들면 내가 돌아올 때에 갚으리라고 하였다.

　예수님께서는 강도 만난 자의 이웃은 자비를 베푼 사마리아인이라고 하시면서, 율법교사에게 "너도 이와 같이 하라"고 말씀하셨다. 이 이야기에서 사마리아 사람은 주님 자신을 가리킨다.

◉ 직장의 은퇴

그가 내게 좋은 일을
✱ 찬송_35, 411장 ✱ 성경_마 26:6–13

　예수님께서 베다니의 나병환자였던 시몬의 집에서 식사하실 때, 마리아가 주님께로 다가가 매우 귀한 향유 한 옥합을 가지고 예수님의 머리에 부어드렸다. 그녀가 주님께 부어드린 향유는 매우 값진 것이었지만, 그녀에게 있어서 예수님은 그 향유보다 더 귀하셨다. 주님은 참으로 값비싼 향유를 받으셔야 할 분이시다.

　그러나 제자들은 화를 내면서 귀한 향유를 허비한다고 나무랐다. 차라리 그것을 팔아 가난한 자들에게 주었으면 더 나을 것이라고 책망하였다. 예수님께서 제자들에게 한 마디 하셨다. "너희가 어찌하여 이 여자를 괴롭게 하느냐?" 그리고 마리아가 주님께 저가 좋은 일을 하였다고 칭찬하셨다.

　예수님의 판단은 그들과 달랐다. 가난한 자들을 돕는 것은 항상 할 수 있는 일이지만, 이 땅에 오신 하나님의 아들을 위해 향유를 붓는 일은 항상 할 수 있는 일이 아니다. "이 여자가 내 몸에 이 향유를 부은 것은 내 장례를 위하여 함이니라."

　십자가에 달려 죽으실 예수님을 위하여 매우 귀한 향유를 붓는 것은 주님께 드리는 것으로서 합당하였다. 주님께서는 복음이 전파되는 자리에서는 마리아가 한 일이 기념되리라 하셨다.

환자(병자) 심방
● 응급 환자

나를 붙드시는 여호와

✤ 찬송_24, 538장 ✤ 성경_시 3:1–8

하나님께서 지금, 우리에게 기도의 시간을 주셨다. 우리가 당황할 수밖에 없는 시간을 만나게 하심은 하나님께서 만나주시겠다는 의도다.

다윗은 그의 생애에서 하나님은 기도를 들어주시는 분으로 믿고 살아왔다. 본문 4절에서, "내가 나의 목소리로 여호와께 부르짖으니 그의 성산에서 응답하시는도다"라고 하였다. 기도에 대한 그의 간증이었다. 사실, 여호와 앞에서 다윗은 기도의 은혜를 알고 있었다.

다윗의 삶에는 굴곡이 남달리 많았는데, 그때마다 여호와의 붙들어 주심이 있었다. 본문 5절을 보자. "내가 누워 자고 깨었으니 여호와께서 나를 붙드심이로다"라고 하였다. 다윗은 언제나 어디서든지 하나님이 함께 하시고, 돕는 손길이 되어주셨음을 기뻐하였다. 그 붙들어 주심에 그는 임금의 자리를 지켰다. 나를 붙들어주시는 하나님이시다.

다윗은 여호와를 경외하는 삶을 통해서 인생의 구원은 오직 여호와께 있음을 확신하였다. 그는 하나님께서 자신의 기도를 들어주시고, 언제나 돕는 편이 되어주셨던 것은 결국 자신을 구원해주시는 은혜라 깨달았다. 그리하여 본문 8절에, "구원은 여호와께 있사오니"라고 하였다. 하나님의 은혜로 우리는 구원을 누린다.

◉ 어린이 환자

아이가 살아 있다 하거늘
✖ 찬송_15, 367장 ✖ 성경_요 4:46-54

　예수님이 가나에 이르셨을 때, 자신의 아들이 병에 걸려 거의 죽게 된 왕의 신하가 찾아왔다. "내려오셔서 내 아들의 병을 고쳐주소서." 이 사람이 예수님을 청할 수 있었던 것은 주님께서 유대 땅에서 기적을 행하셨음에 대한 소문을 들어서였다.

　예수님께서는 탄식어린 말투로 사람들 속에 믿음이 없음을 지적하셨다. 주님의 이 말씀은 왕의 신하의 마음 상태를 꿰뚫어보는 것이었다. 그는 자기 아들의 죽음을 두려워하여, 자기 아이가 죽기 전에 내려와서 고쳐주시기를 재차 요청하였다.

　이에, 예수님께서는 그 신하의 간청을 들어주셨다. 그는 "가라, 네 아들이 살았다"라고 하셨다. 그의 아들을 잃게 될까 염려하는 두려움에 비하여 예수님의 말씀은 너무 쉽게 들렸다. 그러나 주님의 말씀에 대한 믿음이 생겨 그대로 믿고 아들에게로 갔다.

　그는 내려가는 길에서 그곳으로 오는 종들을 만났다. 종들은 그의 아이가 살았음을 전해주었다. 아들이 병에서 낫자, 그와 온 가족이 예수님을 영접하였다. 주님께서 가나로 오심은 왕의 신하의 아들을 고쳐주시고 그와 그 가족들을 구원하심이 되었다.

◉ 젊은이 환자

그들의 믿음을 보시고

� 찬송_17, 364장 ✫ 성경_마 9:1-8

　예수님이 나사렛에 이르셨을 때, 사람들이 중풍병자를 침상에 눕혀서 데리고 왔다. 그들은 주님께서 그를 고쳐 주실 것을 믿고, 데려 왔다. 그들이 중병병자를 데려 오는 것은 쉽지 않았다. 집에 모인 사람들이 많아, 그 집의 지붕을 뚫고, 그를 주님께로 인도하였다.

　예수님께서는 그들의 믿음을 보시고 그 중풍병자에게 말씀하시기를, "작은 자야, 안심하라 네 죄 사함을 받았느니라"고 하셨다. 이 때, 어떤 서기관들은 속으로 '이 사람이 신성을 모독하도다'고 하였다. 그들은 하나님 한 분만이 죄를 사하실 수 있다고 생각했기 때문이다.

　예수님께서는 그들의 생각을 아시고, "너희가 어찌하여 악한 생각을 하느냐"고 하셨다. 예수님은 사람의 깊은 생각, 숨은 생각을 다 아신다.

　예수님께서는 자기를 정죄하는 서기관들을 나무라셨다. 그리고 중풍병자에게 일어나 집으로 가라고 하셨다. 이로써 자신에게 죄 사함의 권세가 있음을 보이셨다.

　예수님께서는 사람들의 질병을 고쳐주심으로써 자신이 죄를 사하는 권세를 가지고 있음과 모든 병이 죄의 결과임을 알게 하셨다.

◉ 노인 환자

그의 손을 만지시니 열병이 떠나가고

✽ 찬송_33, 420장 ✽ 성경_마 8:14-17

　베드로의 장모가 중한 열병을 앓고 있었다. 예수님께서는 그녀를 고쳐주시려고 베드로를 앞세워 그녀의 집으로 갔다. 베드로의 장모는 열병의 고통이 아무리 그녀를 위협했어도 이제는 희망을 갖게 되었다. 주님께서 그녀의 집에 오셨기 때문이다.

　주님께서는 고열 때문에 앓고 있는 그녀를 측은히 여기시면서 손을 만져주셨다. 이에 대하여, 마가는 주님께서 그의 손을 잡아 일으키셨다고 하였고, 누가는 예수께서 가까이 서서 열병을 꾸짖으셨다고 하였다.

　그 순간에, 그렇게도 그녀를 괴롭히던 고열이 사라지고, 열병이 떠나갔다. 아마도, 주님께서 그녀의 손을 잡고 일으키시며, 열병을 꾸짖으시자, 열병이 떠난 것 같다. 열병은 그녀를 죽음으로 끌고 가려했으나 주님께서는 그녀에게 기쁨이 되어 주셨다.

　그녀는 열병에서 치료되었고, 병석에서 일어난 후에, 예수님께 수종을 들었다. 그녀가 주님을 수종 든 것은 병에서 고침을 받은 감사의 행위였다. 하나님은 우리에게 수종을 받으셔야 한다. 그것은 구원을 받고, 천국의 백성이 된 자녀들의 자세이다.

◉ 단기 입원 환자

아무에게서도 이만한 믿음을

✼ 찬송_29, 368장 ✼ 성경_마 8:5-13

　사랑의 사람, 한 백부장이 예수님께 나아와 간구하였다. "주여, 내 하인이 중풍병으로 집에 누워 몹시 괴로워하나이다". 그의 간구는 하인을 가엾게 여기는 백부장의 안타까움을 주님께 보여드림이 되었다. 예수님께서 즉시 대답하셨다. "내가 가서 고쳐 주리라".

　이에, 그는 주님께서 자기 집에 들어오심을 감당할 수 없다고 하였다. 그리고 예수님께서 말씀만으로도 질병을 치료하시고, 말씀으로 병에게 명령할 수 있는 주권자이심을 믿는 자기의 마음을 보여드렸다. 주님께서는 그의 말을 듣고 놀랍게 여기셨다.

　백부장은 이스라엘 사람이 아니고 이방인이었다. 예수님께서는 이스라엘 중 아무에게서도 이만한 믿음, 이만큼 큰 믿음을 만나보지 못하였다고 칭찬하셨다. 주님께서는 그에게 "가라, 네 믿은 대로 될지어다"라고 하셨다. 이것은 그의 간구의 허락이었다.

　이방인이 예수님의 신적 권세와 능력을 믿음은 전적으로 하나님의 은혜였다. 주님의 치료의 말씀은 즉시 효력을 나타내어, 중풍병을 앓던 하인이 고침을 받았다. 주님께서는 백부장의 믿음을 보시고, 그의 하인을 쾌히 고쳐 주셨다.

　주님의 치료해주신 은혜기 이 병실에 그대로 나타나기를 축복한다. 우리 함께 사랑하는 종을 일으켜주심을 기대하자.

◉ 장기 입원 환자

치료하시는 하나님

✖ 찬송_27, 369장 ✖ 성경_출 15:22-26

　오늘, 우리에게 하나님께서 "마시지 못하는 쓴 물을 단 물로 바꾸어주시겠다"고 위로해주신다. 하나님께서는 우리가 견디기 어려운 역경을 좋은 환경으로 바꾸어 주신다.
　범죄로 인하여 에덴동산에서 쫓겨난 인간에게 내려진 하나님의 응답은 죽음이었다. 인생에게는 죽음이 피할 수 없는 형벌이 된 것이다. 그리하여 머리에서부터 발끝까지 전신에 질병으로 고생을 하게 되고, 죽음에 이르게 된다. 성경을 보면 이러한 질병을 예수님을 만남으로 치료를 받았다. 오늘, 우리도 육신의 질병에서 치료를 받는다.
　우리 주변에는 마음에 상처를 입고 슬픔을 당하는 이들이 많이 있다. 마음의 질병 역시 죄의 형벌로 말미암은 것이다. 한나는 마음이 괴로워서 기도를 할 때, 치료를 받았다. 그러므로 완악한 마음이 온유한 마음으로, 교만이 겸손함으로, 탐욕이 감사로, 미움이 사랑으로, 부패한 마음과 시기와 질투가 가득한 마음이 치료를 받아야 한다.
　신앙에 병이 들면 열매를 맺지 못한다. 경건의 모양은 있어 보이지만 경건의 능력이 없다. 그래서 이단에 빠지기도 하고, 거룩한 삶을 유지하지 못한다. 삭개오가 예수님을 만나 영적으로 치료받아 영생을 얻게 되었다. 오늘, 우리도 예수님을 만나 치료받아야 한다.

◉ 환자의 수술

부족하거든 하나님께 구하라

본문을 시작하면서, "너희 중에 누구든지 지혜가 부족하거든" 이라 하였다. 이는 하나님께서 우리의 부족을 아신다는 말씀이다. 사도 야고보도 자신의 부족함을 알고 있었다. 그래서 그는 부족할 때마다 기도했다. 그리고 그의 경험을 통해서 부족하거든 기도하라고 권면하고 있다. 우리는 부족함을 알아야 한다.

우리가 부족하다는 것을 아는 것은 하나님의 은혜이다. 내가 부족하다고 할 때, 하나님께서 채워주시는 시간이다. 하나님 아버지께서는 우리에게 주시기 위하여 부족함을 알 때까지 기다리고 계신다. 그러다가 우리가 기도하면 응답해 주신다. 후히 주시고 꾸짖지 아니하시는 하나님께 구하라고 하셨다.

하나님은 후히 주시는 분이시므로, 의심하지 말고 믿음으로 구하라고 하셨다. 만일 의심하며 구하는 사람은 주께 무엇을 얻을까 기대하지 말라고 하셨다. 예수님께서 숱한 병자들과 귀신들린 자들을 고쳐주시면서 그들에게 찾으셨던 것은 믿음이었다. 나의 부족함을 채워주시는 하나님께 믿음으로 구하여 응답을 받자.

아버지와 자녀의 사랑은 서로의 교제를 통해서 더욱 깊어진다. 하나님께서는 우리에게 부족함의 문을 열고, 그에게 나오라고 하신다.

◉ 수술 후의 회복기

성도의 비전

바울은 골로새 성도들의 성장을 보기를 원하였다. 그래서 그는 그들을 위하여 중보하였다. "모든 신령한 지혜와 총명에 하나님의 뜻을 아는 것으로 채우게 하시고"라고 간구하였다. 하나님의 뜻을 알려면 성령으로 말미암은 지혜와 총명이 필요하기 때문이다. 우리가 당하는 모든 일에는 다 하나님의 뜻이 있다.

바울은 그들이 더욱 영적으로 성장하기를 기도하였다. "주께 합당하게 행하여 범사에 기쁘시게 하고 모든 선한 일에 열매를 맺게 하시며 하나님을 아는 것에 자라게 하시고"라고 빌었다. 하나님을 기쁘시게 하려면 선한 일에 열매를 맺어야 한다. 또한 열매를 맺을수록 우리는 하나님을 아는 것에 더욱 자라게 된다.

바울은 이어지는 간구에서, "그의 영광의 힘을 따라 모든 능력으로 능하게 하시며 기쁨으로 모든 견딤과 오래 참음에 이르게 하시고"라고 하였다. 우리는 기쁨으로 모든 견딤과 오래 참음에 이르러야 한다. 환난과 고난에 좌절하지 말고 견디어 가는 것이 하나님을 기쁘시게 하게 된다.

천국의 백성들에게는 하나님의 나라를 향한 소망이 있어야 한다. 이 땅에서 사는 동안에 주님께서 기대하시는 열매를 맺어야 한다.

◉ 불치병의 환자

이르시되 내가 원하노니

✱ 찬송_29, 402장 ✱ 성경_마 8:1-4

　예수님께서는 병을 고쳐주심으로써 자신의 능력을 나타내셨다. 한 나병환자가 주님께 나아와 구하였다. "주여, 원하시면 저를 깨끗하게 하실 수 있나이다."
　하나님의 은혜는 그에게는 주님이 원하시면, 자기를 낫게 해주실 것이라는 믿음을 갖도록 하였다.
　예수님께서 손을 내밀어 그에게 대시며 말씀하셨다. "내가 원하노니, 깨끗함을 받으라." 즉시 그의 나병이 깨끗하여졌다. 무엇을 원한다고 다 이루어지지는 않지만, 주님께서는 원하시면 무엇이든지 이루신다. 주님은 신적 권세와 능력을 갖고 계시기 때문이다.
　주님께서는 자신이 사람이 되신 하나님이심을 전하셨다. 하나님은 그에게 얻고자 믿음으로 구할 때, 들어주신다. 누구든지 하나님께 나아가 자신이 원하는 것을 요청할 수 있다.
　그런데, 예수님께서는 그의 병에서 나음에 대하여, 아무에게도 이르지 말라고 당부하셨다. 이는 사람들로 하여금, 주님을 병을 고쳐주시는 분으로 오해하지 않도록 하심이었다.
　주님은 단순히 병자들을 고치기 위해 이 땅에 오시지 않으셨다. 사람들은 영적인 구원보다 단순히 육신의 병 치료에 관심을 두기 쉽다. 주님께서는 죄인을 구원해서 천국 백성으로 삼으시려고 오셨다.

◉ 시한부의 환자

네 자리를 들고 걸어가라

✱ 찬송_40, 401장 ✱ 성경_요 5:1-13

베데스다 못은 천사가 가끔 못에 내려와 물을 출렁이게 하는데 그 때, 먼저 들어가는 자는 무슨 병이든지 나았다. 그래서 이곳에는 언제나 맹인들, 다리 저는 사람들, 혈기 마른 사람 등의 병자들이 누워서 물의 움직임을 기다리고 있었다.

거기에 38년 된 병자가 있었다. 그는 병 낫기를 사모하였으나, 자기를 못에 넣어줄 사람이 없었기 때문에 병고침을 받지 못하고 있었다.

안식일에, 예수님께서는 38년 동안 병으로 고생하는 그를 만나주셨다. 그는 병 낫기를 간절히 사모하였지만, 낙망하고 있었다.

예수님께서는 그 병자에게 말씀하셨다. "일어나라, 네 자리를 들라, 걸어가라."

그것은 38년 동안의 투병 생활을 끝내게 하시는 치료의 말씀이었다. 그 병자는 그의 말씀대로 즉시 고침을 받았다. 그는 자리에서 즉시 일어나 걸을 수 있게 되었다. 그는 38년 동안 누어있던 자리를 치워버렸다.

예수님의 말씀에 신적 능력이 나타났다. 주님께서는 안식일에 그를 고쳐 주셨다. 안식일에 베데스다 못의 행각에 있을 것이 아니고 성전에 올라가 하나님을 경배해야 한다.

◉ 병원에서의 퇴원

그에게서 하나님이 하시는 일을

✱ 찬송_19, 387장 ✱ 성경_요 9:1-12

　길을 가다가 날 때부터 맹인이 된 사람을 보게 되자, 제자들은 그의 맹인 됨이 죄로 말미암음이냐고 예수님께 여쭈었다. "이 사람이나 그 부모의 죄로 인한 것이 아니라 그에게서 하나님이 하시는 일을 나타내고자 하심이라"(3)고 주님께서 말씀하셨다.
　이어서 말씀하시기를, "때가 아직 낮이매 나를 보내신 이의 일을 우리가 하여야 하리라"(4)라고 하셨다. 예수님께서는 맹인에게 다가가셔서, 땅에 침을 뱉어 진흙을 이겨 맹인의 눈에 바르셨다. 그리고 실로암 못에 가서 씻으라고 하셨다.
　그에게 실로암 못에 가서 씻으라 하심에는 믿음과 순종이라는 진리가 들어있다. 맹인에게 예수님께서 자신의 눈을 뜨게 해주실 것을 믿는 믿음이 있다면, 그는 실로암 못에 가서 씻을 것이다. 때때로 하나님의 응답에는 사람의 믿음과 순종이 요구된다.
　그는 주님의 말씀대로 실로암 못에 가서 씻었다. 예수님의 말씀에 순종한 보상은 실로 놀라운 것이었다. 그의 눈이 뜨여 앞을 보게 된 것이다.
　길을 가다가 맹인을 보시고, 그를 불쌍히 여겨 눈을 뜨게 해주신 기적은 사람들에게 화제 거리가 되었다.

상례(상가) 심방
◉ 임종_부모의 사망

우리의 모든 날이

✖ 찬송_22, 492장   ✖ 성경_시 90:8-10

　오늘, 하나님의 영원성에 비해 인간이 얼마나 유한하고 허무한 존재인지를 깨닫게 된다. 이 깨달음에서 우리를 위로하시는 하나님이시다.
　다윗은 인생이 허무하게 지나간 것은 "그들의 모든 날이 주의 분노 중에 지나가고 있었기 때문"이라고 보았다. 하나님께서는 불순종하는 이스라엘 백성에게 진노하시고 그들을 징계하셨다. 모세는 "우리의 해가 숨을 한 번 쉰 것처럼 끝나고 있다"고 하였다.
　인생에게 있어서 인생의 날을 계산하면서 하나님 앞에서 올바르게 살 수 있는 지혜는 정말로 필요하다. 인간의 생명은 연수에 의해 평가되기보다 그 사람의 행위에 의해 평가 되어야 한다. 인간은 주어진 순간순간을 어떻게 살았느냐가 매우 중요하다. 우리는 하나님 나라를 바라보아야 한다.
　지상에 태어났던 대부분의 인간들은 70, 80의 생애를 살다가 죽는다. 인생은 하나님께서 정하신 시간 안에서 살아갈 뿐이다. 그러므로 자신의 유한을 깨닫고 겸손해야 한다. 우리는 모두 다 언젠가 우리가 죽을 것이며, 그 후에 그 삶에 대한 하나님의 심판이 있다는 것을 기억해야 한다. 최후의 상급이 기다리고 있다. 우리가 날마다 하나님을 두려워하며 우리에게 주어진 시간을 하나님의 뜻에 맞게 사용해야 한다.

◉ 임종-배우자의 사망

사람에게 정해진 것이요

✳ 찬송_74, 608장　✳ 성경_히 9:27

　한번 죽는 것은 사람에게 정해진 것이요 그 후에는 심판이 있다고 하였다. 죽음은 모든 사람에게 오고, 죽음 후에 하나님의 심판을 받는다.

　아담과 하와의 불순종은 에덴동산에 죄를 가져왔고, 자신들은 그곳에서 추방되었다. 그들의 추방은 곧 죽음의 형벌을 의미하였다. 아담과 하와의 후손은 누구나 죄 가운데에서 태어나게 되었고, 죽게 되었다. 인류의 조상이 하나님의 약속을 거스른 죄로 사람은 죽게 되었다. 그때로부터 인간은 항상 죽음을 직감하고 살아야 하였다.

　죽음은 아담과 하와의 하나님께 대한 불순종을 처리하시는 하나님의 방법이었다. 이때로부터 세상에는 죽음이 왔으며, 하나님께서는 죽음을 통해서 죄악을 다스리신다. 이것은 하나님의 섭리가 되었다. 그러므로 사람은 자신의 죽음을 잘 예비하고 준비해야 한다.

　지금, 죽음이라는 명제에 의하여 하나님께서 우리에게 질문하신다. 그것은 죽음이 사람에게 정해진 것이므로 예비하고 있으라는 것이다. 그리고 죽음 이후에 있을 심판을 피할 사람은 아무도 없으며, 이 심판은 오직 하나님의 주권에 의해서 시행된다. 살아가는 것으로 만족하지 말고, 나의 죽음 이후를 대비해야 한다.

◉ 임종-자녀의 사망

여호와의 날이 이르리라

✳ 찬송_29, 493장 ✳ 성경_슥 14:1-9

　우리의 소원과는 달리 짧은 시간 동안, 나그네의 삶을 살았던 고 ○○○의 장례에서 가족들도 여호와의 날을 기다리기를 소원한다.
　우리가 여호와의 날을 기다리기 위해서는 회개해야 한다. 우리 하나님의 시간에는 하루가 천년 같고 천년이 하루 같다고 하셨다. 또한 주님의 약속은 더딘 것이 아니라고 하셨다. 주님의 재림이 늦는 이유는 오래 참으사 아무도 멸망치 않고 다 회개하기에 이르기를 원하시기 때문이다.
　여호와의 날을 기다리는 성도는 말씀의 신앙을 가져야 한다. 하나님의 말씀으로 징조를 살피고, 여호와의 날을 기다려야 한다. 그러므로 진리의 말씀에 굳게 서야 한다.
　말씀을 사랑해야 한다. 우리가 진리의 말씀에 굳게 서 있다면 어떠한 시험이라도 이길 수 있으며 소망 중에 승리하며 여호와의 날을 보게 된다.
　여호와의 날을 기다리는 성도는 하나님께서 주신 시간의 삶에 최선을 다해야 한다. 하나님께서 자기에게 맡겨주신 자기의 위치에서 힘써 일을 해야 하겠다.
　하나님께서는 우리 모두에게 자리를 주셨다. 하나님이 보시기에 좋은 사람은 자기의 위치를 벗어나지 않고 자기의 자리에서 주어진 일을 열심히 하는 사람이다.

◉ 상중(상가) 위로

나의 하나님께 감사하며
✻ 찬송_28, 313장 ✻ 성경_빌 1:1-3

　자녀들에게 좋은 부모의 자리를 지키셨던 고ㅇㅇㅇ님을 추억하며, 하나님께 예배할 때, 우리에게 주시는 복된 말씀을 나누겠다.
　바울은 빌립보 성도들을 위하여 중보할 때에 나의 하나님께 기도하였다. 그에게는 가족, 권력, 재산은 없었다. 그러나 나의 하나님이 있으셨다. 하나님을 나의 하나님으로 믿으셨던 고 ㅇㅇㅇ님께서는 아무 것도 없는 자 같으나 하나님이 없이 모든 것을 소유한 사람보다 더욱 부요하셨다. 그는 바울과 같이 자신을 가리켜 넘친다고 하였다.
　복음을 위해 죽도록 충성하는 전도자에게 사랑을 베푸는 성도들을 복 주시는 하나님이시다. 고 ㅇㅇㅇ님께서는 참 소망이 사람이 갖고자 해서 소유하게 되는 것이 아님을 아셨다. 고인께서는 하나님의 은혜로 말미암아 위로부터 내려와야 한다고 믿으셨다.
　바울은 나의 하나님께 기도할 때, 빌립보 성도들을 위해서도 기도하였다. 그의 기도는 우리의 기도에 대한 교훈을 준다. 우리도 나의 하나님께 기도할 때 나 개인을 위해서만 기도하지 말고 우리를 위해 기도해야 한다.
　예수님께서도 자신을 위해, 제자들의 거룩함을 위해서 간구하셨다. 우리 모두를 위해 기도하시기 바란다.